子どもの言いごと

斎藤たま

論創社

目次

第二集　53

第三集　97

第四集　145

第五集　219

はじめに

子どもたちは友達に話しかけた。太陽に話しかけた。空吹く風に話しかけた。雨に話しかけた。煙に話しかけた。鳶にも烏にも話しかけた。小さい流れにも、神様にも、ミミズにも話しかけた。シビレにも話しかけた。蛇にも、死にかけた魚にも話しかけた。それぞれ用向きがあったから。

友達には言葉尻をつかまえて囃してやる用事があったし、太陽には一人の震えてる子のいることを知らす用があったし、風には余りひどく吹いたら灸をすえてやるぞと警告する必要があったし、雨には働きに行った山の親たちが簑笠持たないことを言わねばならなかったし、煙には空の広いところに行く道を教えなければならなかったし、烏には「今日はどちらへ」と野次馬的に尋ねてみたかったし、鳶《とんび》には一舞い舞を所望したかった。

流れには早く澄むよう景気をつけてやりたかったし、神様には物を判断してもらいたかったし、ミミズには、用を足す間避難してもらわねばならなかった。シビレには餅をついて待ってるところがあることを伝えねばならなかったし、蛇には出て来たらお互い面倒なことになることを告げたかったし、嘘でもいいから、死にかけた魚には、元の川に逃してやるといって元気づけねばならなかった。

もちろん相手も答えた。友達はもっと効果的な唄で囃し返したし、太陽は後戻りして暖めてくれたし、風も雨も衰えたし、煙は「次の角のところを曲がらずに上、その先の四辻も右も左も行かずに上」と反復しながら上に昇って行った。友情なども一方通行では永続きしない。彼らの間がうまく行ってたのはこのせいだ。子どもたちの唄には必ず相手がある。

唄を取り扱う人の中には見た目にきれいで、いかにも唄らしく体裁を整えたのばかり珍重する向きがあって、その人たちから見たら、ここに取り上げた囃し唄などはわらべ唄の第一義でないなどとされかねない。けれども、子どもたちの鋭い一行の唄と、水増しされて格好をつけた大人に嬉しいという唄とどっちが美しいかは、ここでやきもきするまでもなく誰にだって一目瞭然であろう。

鑑賞の方は置くことにして、大人の手の入った唄ではなく、文字通りこれらは子どもの唄である。

第一集

1　あの子、どこの子

山形の私の村などでは、雪の消えるのがたいそう遅かった。

それがどれほどだったかというと、旧暦三月の雛祭りに、おひなさまを飾ってみなに見に来てもらう。その日まで家の前の土を出そうと、シャベルで切りかけ切りかけ、氷の花を散らしながらそばの堰《せき》に転がし込むものであった。

けれどもこれは、たいてい、すこし開けて終わりとなった。大仕事なせいもあるけれど、雪を除《の》けて現われた土が、まるで溺れた格好で、表面は雪に溶け、雪が自分か、自分が雪かわからないようにまだぼんやりとし、ちょうど、なおりきらないうちにはがしたかさぶたの跡のように、頼りない表情をしているからであった。

それからみると、向かいっぱたの村の本通りは、朝早くから一日じゅう、もっとも陽を受ける方位にあるので、二十日は雪解けが早い。ある日ぽっかり土が顔を出す。それが畳一畳分ぐらいだったらまだせまいのだが、その倍の広さほどになると、私どもは、親が冬の間の時間のあるにまかせて、すこし手をかけて作ってくれた赤い緒の草履などを懐《ふところ》にして、そこまで歩きに行ったものだ。学校帰りに見積もって、もう歩ける広さだと判断したら出直す。そんなだったら裸足で土を味わったらいいように思うのだが、どうもその可愛い草履が気になるのであって、その草履を通して、パンパン鳴り、弾んで応えてくれる大地と対するのがうれしいのだ。

当然そこは天下の通りで、たまにであるけれど人も通る。また、まわりにひかえている雪が落ち込んで、細い流れをもたらす。そのうえ、よっぽど虫のいどころの悪い男の子が、ザラメのような雪を投げてよこしたりする。こんなときには、まるで自分の座敷が汚されたようで、腹がたったものだ。

今でもそうだろうが、昔ならことに、道路の上は子どものもっともいい遊び場であった。瀬干ししたときの、流れに集まる魚のように、大きいのも小さいのも寄って来てたむろし、まさに自分たちの住みかでもあるように、大きな顔して縄張りとし、さんざ遊んだあげくに、そこ通る人たちを冷やかした。

どこか親類に来ている子であろうか、またお使いに来たものだろうか、見たことのない顔が通ると、これは最前から、みんなの目を集めていたこととて、いっせいにはやすことになる。

あの子　どこの子
丹波の　竹の子
焼いても　たいても

食われん　竹の子

（京都府日吉町新《あたらし》）

明治三八年生れの上田さきえさん、「どこぞ知らん子が来たらはやす」のだという。

あの子どこの子だ
みたよな子ーだ
こっきん　粉めし
食いたそーな　子ーだ

（新潟県直江津市五貫野）

あの子どこの子
丹波のいち子
親によう似た
ふくがえる

（京都宇治田原町湯屋谷）

ふくがえるはひき蛙のことである。

あの子　どこの子
丹波の　おじの子
おじの銭《ぜに》　盗んで
鯛買うて　ねぶて
のどに骨立てて
きゃあきゃあ　ぬかいた
（兵庫県千種《ちくさ》岩野辺）

あん童《わらぶ》や　何処《だー》　童《わらぶ》
耳切っち　鼻切っち
回《もう》そい　もうそい
（奄美大島、名音《なおん》）

どうしてまた、よそものというだけで、こんな制裁を受けねばならないのだろう。最後の奄美大島のは、「耳を切って、鼻を切って、そのうえにみんなでこづき回そう」といっている。奄美のほかのところではまた、「尻《まり》切っち　口《くち》切っち」ともいうのであり、墓に連れて行って犬を吠えさせよう、というところさえある。高知の野市《のいち》町中村《なかのむら》でも「尻《しーり》を真赤にこっかに焼いちゃうぞ」と脅している。

彼らのいきりたっているさま、ちょうど自分たちの縄張りを荒されて、よってたかって戦いをいどもうとしている鳥やら獣の姿が重なって見えないか。

2　牛んべっコ、かんべっコ

私どもが土の座敷で遊んでるときにも、夕方になると牛が通った。山仕事の帰りで、うしろにソリを曳き、冬の間の身仕度である藁沓《わらぐつ》をしどけなく足にくくりつけ、重たく首を垂れて過ぎて行った。以前の輸送機関は、おもにこれらであったから、どの街道でも、遊ぶ子どものそばを通り抜けたのだろう。茨城の美和村高部《たかぶ》や小田野《おたの》の子らは、材木つける大きな黒牛が通るとはやした。

牛んべっコ　かんべっコ
味噌やっから　こっちこ

「このがきらは、また悪態ついてる」といって馬方が怒鳴った。ほんとうかどうか知らないけれど、牛は味噌が大好物で、呼んだ方に行ってしまうからだと、高部の高野さん（明治四十五年生れ）がいった。

こうしたわるさで思い出すのは、馬の尻尾の毛を失敬することだ。小鳥を捕るのにヒッコグシといって、輪にした一方をひくと自然に輪がしまるという罠がある。この材料には、すべりがいいということで女の髪でもいいのだが、馬の尻毛が最良なのである。道につながれている馬車馬のうしろに行って、そうっと一本ずつ抜く。一本で罠が二つできるのだ。でも、これが見つかると、岩手の下閉伊《しもへい》郡のあたりの馬方なら「馬が痩せる」といって、ひどいけんまくで怒ったそうだ。尻毛が薄くなると力がなくなる、などともいうけれど、これもほんとうだろうか。

牛の話もこれらを家族の一員のように見なしている人達の話を聞くのは、身につまされたり、笑いころげたりするものだ。

一人は、牛深市の吉田で私を泊めてくれた家のてる代さん、

「もぐしから買って数日たったばかりの牛、これは産していないが種つけられるほどの牛、夜中、ギリ（マセ棒）開けて出て行く物音がし、夫を起したがいなかった。翌朝人頼んで二人してもぐしにさがしに行った。途中で逢った人、牛捜しではないか、峠にいたというので連れ帰った。もぐしまでは一里ぐらい」

また福島県塙町《はなわまち》田代でいうのを聞けば、牛は、一歳過ぎる頃鼻ぐりをつける訳だが、この時の人をよく覚えていてあばれる。その理由かどうか知らないが家の人はやらない。さてその通した後どうする

かといえば、味噌をべたっと顔に貼る。ぺろぺろ舐めて消毒にもなる。牛は舐めながらに横目でやった人をにらんでいるという。

同じ岩手の海端では、馬にうたう。

馬《ま》っコ　馬《ま》っコ
豆けっがら
太鼓はだげ
（岩手県釜石市唐丹《とうに》）

駒《こま》　こま
腹ぶーで　腹ぶーで
（岩手県田老《たろう》町摂待《せったい》）

雌馬はダウマで、コマは雄馬だ。そのコマは、時おり長い大きなものをぶらりぶらりさせる。それがちょうど握り込んだ太鼓の撥のようで、どうせのことなら、筋が浮き立つほどふくらみ張ってる腹を打ってみてくれ、と注文している。彼らの興味は今のところ、鳴り物の楽しみの方にあるようだ。

奄美大島や、徳之島の子らはまた別で、馬に転がってみせろとねだる。

まんしゃくげーら
なちゅ　けーれ　（徳之島、井之川）
（馬ひっくりがえれ、もう一回かえれ）

なちゅ　返《け》ーれ
なちゅ　返《け》ーれ　（奄美大島、住用村城《すみようそんぐすく》）

わー馬《ま》ーぐゎの
なちゅ　くげー　（徳之島、天城町与名間《よなま》）
（おれの馬っコ、もう一回かえれ）

馬は、背の虫でも退治しようというのか、それともかゆいからでもあろうか、地の上に仰向けにひっくりがえって背をこすりつける。そしてまた右にくるり、左にくるりと身を回転させる。こんな大それた動きがしょっちゅう出来るという南の島の馬は、まるで野生にあるような姿を思わされるが、なんにしても私どもの目にふれるもののうちの、もっとも巨大な生き物のする芸当であるから、これはいい見ものだったにちがいない。しかも、子どもがうたうと、ちょうどそのように「しゃくるげーる（ひっくりがえる)」のだという。

足利市名草《なぐさ》では、糸まりを、馬の腹の下くぐらせるとよくはずむという。ここのはつさん(明治二十年生れ)や、せんさん(明治二十六年生れ)たちの遊ぶまりは、山にあるふわっとした苔を芯にし、上を木綿糸できりきり巻いた糸まりであった。これでも思ったよりは弾むものであるけれど、面が平らでないために横にそれるし、ゴムまりからなどみたら問題にならない。それだから、比較的はずみがいいか悪いかで、その日の遊びの満足感も左右されるのだ。馬車が通ると、その馬の横に付いて歩いて気を合わせ、

馬のまら　くぐれ

と叫んで、腹下に放った。でも、おそろしい激しさで行く馬が相手、うまくいかない折だって多いのであり、「俺がな駄目だった」などといっては、成功した者の手まりで遊んだ。

3　花嫁歯っかけ

村の道は花嫁の行列も行く。田舎での嫁取りは、秋仕事のすっかり終わった寒い時期か、また春先に集中した。

花嫁歯っかけ　通せんぼ

（福島県猪苗代町）

嫁っコ　嫁っコ
先見て　歩《あ》っきゃれ
後見しゃ　くっつく

（新潟県浦川原《うらがわら》村上柿野）

嫁っコ　嫁っコ
かんだの嫁っコ

石わらで転んで
赤べっちょ出した　出した

（新潟県安塚町須川）

新潟のこのあたりでは、「嫁だー」「嫁だー」となって（叫んで）来た。子どもはそれこそ喜んで群れて来、こちらはことばかりでなく、土手の草やタンポポの花などをちぎってぶっつけた。それで嫁方の者、「赤いべっこ（着物）汚さないでくれな」などと手かげんをこう。

ただの乱暴、質の悪いいたずらのように思われようけれど、そういったものではなかったようだ。花嫁には各地で水をぶっかけたり、炒豆を打ったり、道中でのことなら、石を放ったり、土くれを投げたり、冬は雪玉をぶっつけたりする。花嫁はこれらをこうもり傘などで除けるのだが、それで、「わしのときには傘の骨が何本折れた」とか、「かんざしがこわれて、髪結い（床屋）さ弁償した」とかの話にもなるのだ。多分は、幸せなもの、見事なものに取り付こうとする魔の物を祓う仕業なのだろうと思うけれど、その一端を子どももになっているのである。それだから、前の新潟の子たちも草を放るには、「ゆわぎ（祝い）ましょう」「ゆわぎましょう」と、おおっぴらなのだ。

じょろ　じょろ
はやせ

（岐阜県板取村上ヶ瀬）

じつはこれには、ところによっては、しごく卑猥なことば、悪言、罵声を浴びせる地もある。わざと反対にくさすことで、取り付こうとするものの食指をひっこめさせようというのだろう。最後の安塚町須川の唄などはこの種だ。六二歳になる新保さんが、ためらったがこちらがうながすので、笑いながらうたってくれた。隣りの松崎では、「かんだの嫁っコ」を「かんかち嫁っコ」といっている。あまされ盛り（いたずらざかり）の男の子がはやすことだという。

4　根元の道者

土地によっては、山かける道者や念者の通り道となっているところもあった。彼らは登山の安全を祈ってか、また賽銭のつもりでか、子どもに菓子をふるまったり銭をまいたりした。おとなしく、それを受けている間はいいのだけれど、ひらきなおって強要するという稼ぎ人たちまで出る。

根元《ねもと》の道者　かね道者

かねくんねと　通さねぇぞ

（栃木県田沼町黒沢）


「根元さん」といって、黒沢の奥三里ほどのところにある十二山《じゅうにさん》に神社があり、縁日には近郷近在から多くの参詣人が来た。そこで丁半をやった。こうしたことは当時どこでもやったことらしく、その一部が、神社の実入《みい》りともなった。そんなだから、子どもへの振舞いも気軽だったのだろうか。

明治三十四年生れの永沢ラクさんが小さいころ、男の子たちは、通り路にある永台寺の門前になど群れて、右を叫んで、たかっていたそうだ。

5　お寺の坊さん

道路のほかには、寺やお堂なども格好の遊び場であった。秩父の古い寺などをまわると、本堂の外縁の厚い台木の上に、いくつもの大小の窪みのならんだのがある。子どもが石でこづいてる間に、とうとう穴になり、こんどはそれを幸いと、よもぎや菜の花やらを詰めて餅つきをしたところだ。

床は抜く、壁ははがす、屋根まで登って追っかけてカヤを抜くという、まるですこしばっかり大きな造作物を、体じゅうを手のひらになしてこねまわすように狼藉しても、そこはそれ、「魚を盗むのは猫の仕事」との寛大さで、大人はさして叱咤するでもなく、損じ具合をみては、一日寄り合って屋根をふき、大工は腕を提供して床張り替えた。

岡山県美作《みまさか》町林野の寺は、門に大きな鉄鋲打ちの扉のある、遠目に白壁の塀の目立つ、いい構えの寺であった。この村で、八十近い人をと尋ねて寄った宇野さんに、話のとりつきに寺のことを出すと、彼女は、新築なったばかりの塀を、

「立派でありましょうな」

と自慢したあとに、昔のは土塀で上に瓦がのっていた。それを自分たちが子どものころに、上にのっては、一枚、また一枚とはがしてしまった。それが代々の子どもがやることなので、のちにはすっかり崩れてしまい、土くれとなって、運びすててしまっていたのだと話した。

宇野さんたちは、きまって毎日、寺に遊びに行った。そしてずいぶんとわるさをした。棒取り遊びにする棒に、かの立派な扉を欠いたり、扉にちょうどお椀を伏せたような鉄飾りが打ってあり、それにまるいでっぱりがくっついている。それを「乳首だ」といってしゃぶって遊んだ。かくれんぼで萩の株の中にしゃがみ、鬼が来るまでの所在なさに、枝を一本ずつしごいて、ついに丸坊主にする。

こんなさまで、一日遊ぶ間にはずいぶん散らかすものだから、寺には箒が何本も備えてあって、これで掃除してから帰ることになっている。けれどもたいていは、それもしないで帰って叱られる。

あげくのはて、引きあげる段になると、一同門のところにならび、喉も痛くなるほどの声張りあげてうたうのだという。

お寺の坊《ぼん》さん　猫狙《ねら》む
なぜ　ねらむ
たこ　じゃ　もの

とりわけ、最後の一節に力を入れる。どうしてそんな大声なのだろうと尋ねたら、その時分になると、和尚さんは本堂から離れた庫裡にいて、そこまで聞こえないからだという。
日がな、彼らのわめき声を聞かされ、そのうえこんないやみな挨拶を受ける和尚さんに同情させられるが、鬼っ子どもの完全なる撤退を知ることで、間違いのない安心を得ることも、また出来たのだろう。

6　ぼうず、ぼっくり

じっさいに、彼らはずいぶんといたずらをしたようだ。

高知の海に沿ったひなびた町、赤岡町を訪れたのは、もう七、八年前（昭和五十年）になる。海まで通じる古い通りには、人々が何人ずつも出ていたりして、おだやかで懐かしい人たちの住む地であった。私はここで、通りに面した、昔ながらの建てかたの一軒の家の前に設けられている縁台に腰下ろして、おばあさんたちの話を聞いた。そして、この縁台にまつわる子どものいたずら「ギッチョン」を聞いた。

縁台は畳一枚ほどの大きさで、厚い板で頑丈にできており、とりわけ、前方で台をささえている二本の脚は、細めの柱ほどある角材である。これは、「縁戸《えんど》」といって、夕方になると、上に持ちあげ、同じく上からもさげ降ろしたもう一枚の板戸と合わせて、「戸」となる。太い脚はたたまれて、外側にぶらぶらする。今はまれになったが、昔はどの家でもこの縁戸であった。

男の子たちのせっせと精出したいたずらというのは、戸じまりもすませ、人はみな家なかに集《つど》って、これから夕飯もはじまろうとするころあい、かの所在なくさがっている脚にヤマ（凧糸）をつけて、すこし離れたところまで行って、引っ張る。「ギーッ」ときしむ音がし、いっぱいに張ったところで一気に手を離すと、こんどはすさまじく「チョン」、また「タン」と鳴る。「ギッチョン」の名前はこれによっているのだ。

持ちあげ、同じく上からもさげ降ろしたもう一枚の板戸と合わせて、「戸」となる。太い脚はたたまれて、外側にぶらぶらする。今はまれになったが、昔はどの家でもこの縁戸であった。

男の子たちのせっせと精出したいたずらというのは、戸じまりもすませ、人はみな家なかに集《つど》って、これから夕飯もはじまろうとするころあい、かの所在なくさがっている脚にヤマ（凧糸）をつけて、すこし離れたところまで行って、引っ張る。「ギーッ」ときしむ音がし、いっぱいに張ったところで一気に手を離すと、こんどはすさまじく「チョン」、また「タン」と鳴る。「ギッチョン」の名前はこれによっているのだ。

家の中で聞けばとびあがる音だったそうだが、それで怒鳴りはしても、外まで出て来ることはなかったという。大人だって、かつては自分たちも繰り返してきたことなのだろうし、子どもにとっては、スリルと興奮のあるたいへん楽しみな遊びだったようだから、この町の人たちは、それを取りあげようというよりは、その馬鹿音に身を馴らすことに決めていたのだろう。

それでも、たまには、子どものするいたずらに腹を立てて、怒りまくる人もいた。そんなときには、ちゃんとことばで応酬した。

おんちゃん　ぼっこり

やーま芋

「おんちゃん」は、子どももいるほどの年ごろの男をいう。

この類のことばはしかし、ほかの土地でなら、男の子自身に浴びせられているものである。彼らはよく女の子にいたずらしかけた。ママゴトで、美しく座敷をしつらえ、花のまんじゅうやら、色どりさまざまなご馳走もできあがったところに、また、石けりで地面が大理石のように磨きがかかり、地のくせもすっかりのみこんだところに、彼らはすっとんで来て、脚をもつれさせながら踏みにじり、脚ばかりではたりないで、手までついて蹴りあげながら、ぐるぐるまいして去った。

こんなときにはどうだって、なにか叫んでやらないことには気がおさまらない。去って行く彼の姿に、こちらに向かう力のすでに抜けかかっているのを見きわめてからのことであるけれど。

ぼうず　ぼっくり

やーまいも

煮ても　焼いても
食われん　ぼー
（愛媛県野村町荒瀬・小田町立石）

最後の「ぼー」が、なんの棒だか、私は知らない。
宮城の河北町ではこんなにいう。「やきみし」は握り飯のことだ。

やろこ　やきみし　菜っぱづけ
おなごさかむやつ
だらふくべ
（福島県霊山町）

あまっちょ　がえろっちょ
水をのんで　ぐーつぐつ
（静岡県小笠町）

7　お尻まくり、はーやった

これは、いたずらといってもいいかどうか、彼らの喜んですするのに、尻をはぐるという遊びがあった。ただ黙って不意打ちかけるわけではない。大声で叫びまわってやるのだ。

おしりっぱぎ　はーやった　（茨城県美和村・山方《やまがた》町）

今日は　日がよて
おかんちょ　まーくり　（京都府三和町友淵）

今日の天気に　尻はぐりー　（山口県錦町後野）

今日は嫁さんの　尻はぐり　（隠岐・五島・岡山）

今日は節句の　尻はぐりー　　（高知県野市町・愛媛県美川村）
今日は　二十五日
お尻まくり　はーやった　　（滋賀県土山町）
今日は　二十八日《んち》
けつっぱぐりの　御用心　　（秩父市）

男の子が女の尻をめくるというのなら、いささか性的興味からのわるさというだけなのだろうが、かならずしも男の子だけがやるわけではない。女同士でもやっているのだ。男も着物をきていた時代までは、彼らの尻も同じ目に合っていたのだろう。

高知県野市町中村《なかのむら》で、明治三十六年生れの広瀬さんは、これがはじまると、だれもみな、うしろの裾を股ぐらから前に持って来て防ぐものだった、「ひょうげる（ふざける）子もいるけに」という。

京都府京北町下中では、「今日はいい天気で　尻めくり」とうたう。村山小ゆきさん（明治三十七年生れ）たちは、寒い時期にはタチツケ（モンペ）をはいていた。それが春になると、だんだん脱いでいく。

「今日はいい天気だけ、すそばた（着流し）なって来た」などという。こういう時節こそ、この遊びは勢を得たのであろう。

これは不思議な遊びである。唄の中に日にちがよみこまれているのなどを見ると、どうでも、なにかしらの行事のにおいを嗅がざるをえない。秩父で二十八日は不動様の縁日で、お参りをした人は火で尻をあぶる。足利市名草でも「けつったくり」というだけで、秩父と同じにうたうのだが、こちらで二十八日は、八幡さまの祭り日だ。

岡山や島根に行くと、その行事名をはっきりという。

今日は　ドンドさんの
尻はぐり

岡山の最北、鳥取に接するところにある川上村や湯原町では、尻はぐりは正月十五日のドンドさん（左義長《さぎちょう》）にやるものと決まっていた。そうでなくともドンドさんは村じゅう興奮する火祭りだが、この日、おもに子どもが、男も、女同士でもふざけ合った。ふだんの日でも、思い出したようにやる。

島根のいちばん南に位置する柿ノ木村でも、これと同じようなことをいう。正月十五日は「墨ぬり十五日」といって休みで、その翌日、十六日には尻はぐりのいたずらをしても怒られないことになっていた。その隣りの日原《にちはら》町の唄。

今日は墨ぬり　十五日
明日《あす》は地蔵の　尻はぐり

このあたり一帯で、十五日はたいへんな騒ぎであったらしい。若い男女、また子ども連中が、「消《けー》炭《ずみ》」を持ったり、大根を手のひらに入るぐらいの薄さに切ったのにヘグロ（鍋墨）をすりつけて、まわりじゅうの人間にぬり歩いた。そしらぬ顔で近く寄っては、さっと頬っぺたになどぬる。鍋墨は油も含んでいて、石鹼でこすったってなかなか落ちないのだから、やっかいだったことだろう。ことにも街なかの若い者が熱心で、山手の人たちなど、この日は町に行けないといった。津和野とか日原の町に行くと、すいと人が出て来て顔にぬる。日原町滝元で明治二十五年生れのおばあさんが、父親がよくほうた（頬）にぬられて戻ったものだなどと話した。この日に墨をぬると、「厄病がつかん」というのだった。

どうやらこのあたりから糸口は見つかりそうだ。尻をはぐるだけの行事といっては私は知らないけれど、尻を叩くというのなら、まさにこのドンドの日の行事なのである。これは多くの地では「嫁たたき」の名で通っているだろう。けれども、叩くのは嫁の尻ばかりではないのであって、人から、地面から、家のぐるりから、玄関戸から、上がり縁《ぶち》まで叩いてまわる。これも墨ぬりと同じ趣旨で、迷惑なものを祓いまくるまじないがこめられているのだろう。

子どもは多少、性的刺激のある、この大人とともに胸張って果した任務が忘れられなかった。叩くのであれば相手の不機嫌も買おう。だが、見る分にはさしさわりもないもので、それで遊びでは、「叩き」から「はぐり」にかえられたのだろうと思われる。

人を叩く折はもう一つ、五月節句にもあった。藁束の中にショウブを入れてぐるぐる巻きにしたのなどを手に手に持って、子らはやっぱり、人の尻やら、地やら叩きまわる。前にあげた「今日は節句の尻はぐり」、また「ドンドさんの　尻はぐり」の、尻はぐりのところを尻たたきにすれば、そのまま当時の行事に通用したのだろう。

最後は、新潟県中条《なかじょう》町の節句の子らの唄。

五月の節句
どこ打っても　とがない

8　日暮れ時

私の村では、子どもはすこし大きくなると、親から仕事のあてにされた。「今日は学校から帰ったら、だんなもりの畑さ来い」とか、「とんぬぎざかの上から焚物しょいだ」とか、やれ桑こぎだ、芋掘りだとかである。また女の子であるなら、幼い者を託すべく母親は、いましもそれをわたさんばかりの体勢で、彼女らの姿の立ち現われるのをひたすらに待った。

子どもの仕事の量はよく割当てにされる。その方が子どもを働かすのに効果があがると見てのことであろう。焚物を家まで二回背負ったらいいとか、何列草取りしたら遊んでもいいとかいわれる。それで子どもは、それればかりを楽しみに力以上を出して仕事をこなしにかかるのだが、とりわけあまい割当てを親はするわけもなく、たいていは親たちより一足先に終えるぐらいなのだ。

解放されたこの者たちは、守《も》りをしたりして部落で遊んでいる女子《おんなこ》どものところにとんでくる。それからその日のもっとも充実した遊びがはじまる。たいていやるのは、しぇめくら（鬼ごっこ）だった。かぐれっこ（隠れんぼ）はやらなかった。いっときなりとも体の動きを静めているというのは、この短い遊び時間しか持たない子らには我慢がならなかったのだろう。じっさいこの子らは、やむなく抑えられていたものから解き放たれて本性をむき出しにし、体じゅうで声をあげて空《くう》をとんだ。まるで、そのようにしなければ、本然なる成長が一日分損なわれるとでも、彼らの体が指図しているようなふうでもあった。

この激しさは当然、遊びの集団みなに及ぼす。それまでは一人前に扱わない幼い子をアブラコといい、半分これらの相手もしながらの余裕の中での遊びなのであるけれど、今はアブラコは完全に埒外におかれ、その姉たちだって、自分の持てる力のそれ以上になにかを引っぱり出さないことには、何回だって鬼でいなければならない。胸が裏返しになるような息を吐き、極度の動きから青い顔になりながら、これまた空《くう》をとんだものだ。

こうなると、つづけるにつれて遊びがおもしろくなって、なかなかやめることができなくなる。家々の屋根から登る煙が白さを浮き立たせ、泣く幼い者たちは親に引き取られていって、そろそろ潮時だと悟りながらも、もう一回、これ一回と、こんどは忙しさも加わって、いっそうめまぐるしくつづけられる。しかし、闇は確実に来たっているのであって、道端のススキがいやにぼんやりしてきたなと思うまに、相手の姿も半分空気に溶けかけて、それで仕方もなく、遊びは終わる。

終わったとたんに、こんどは一つの心配の種が身をとらえ、さよならなどというまもなく、すっとんで家に帰る。けれども時すでに遅く、ふたたび弱い昼の時間を現出した屋内の、なかでも太陽の色

で燃えるいろりのあたりにいる母親が顔をあげ、気がかりの一条、

「暗くなるまで遊んで来っずぁないず」

と、にらんでいう。暗くなる前に帰ったとて、たいしてさせられる仕事もなかったし、それなら夕飯にまにあうようにさえ帰ったら文句ないように思うのだが、「夜、口笛を吹くものでない」という一事と同じように、不思議な執拗さで繰り返されたのである。子どもが暗くなるまで外にいるということは、よっぽどの悪行であるらしかった。

遊び場の一つに、ごんべざかを登ったところの小さい辻もあった。祠がまつってあって、大杉が四、五本立ち、その木の下ながら高みになっているせいか、土はいつでもほどよく乾いて柔らかく、手でなでると、毛のすっかり切れた毛布を触るようで心地よかった。ところが、この末《うら》を見分けられないような高い杉からは、日暮れになると真赤に焼けた大鍋が降りてくる。暗くなるまで遊んでいる子をさらっていくための鍋なのであるけれど、これだって、夕暮れに早く家に帰らせるための大人の脅しだったのだと思う。

どうも、親たちは夜に対して、また日暮れ時に対して、ある種の特別の意識を持っていたようである。夕方になってからは隠れんぼをしてはいけないとは、よくどこでもいわれたことであろう。隠れたなりに、その子が見えなくなってしまうというのである。足利市の名草《なぐさ》では隠れることをかくね、るというので、遊びをカクネゴトというのだが、

「かくねざとが隠なすから、夕方は、かくねごとをするんじゃない」

といわれた。「かくねざと」のざと、は座頭であろうか、なんでも、村を巡り歩くような人にさらわれて行くということなのだろう。宇都宮市上桑島《かみくわじま》や栃木県芳賀《はが》町芳志戸《ほうしと》では、こうして人を隠してしまう妖怪のようなものをカクシンボという。芳賀では、なんどもこれに逢って、いなくなった子どもをさがした。たいてい藁を積んであるその下で見つかる。そうした場所は一度さがしてもいなかったところで、「あとから連れて来ておくんだな」とおばあさんたちは話す。だからこのあたりの子たちは、

「かくしんぼに隠されるから、早く帰ってこいよ」

といわれるものだった。

茨城の北部、美和村高部でも子どもがいなくなったことがあり、村じゅうで空罐などを叩き鳴らしながら、

やーじゃんじゃんぼ
甘酒沸かして　待ってるぞ

と叫んで、さがしに行った。女の子は切り株に腰おろしているところを見つかった。「狐に化かされたのだ」という。

9 幽霊、クヮチ、クヮチ

私は、二、三年前の秋、釜石市唐丹《とうに》という、海岸から川沿いにすこし奥まったところにある村に一泊した。そのもっと奥の部落で宿をことわられて、行きに寄った武山キミへさんのところに願って泊めてもらったのだった。

着いたときには、しきりに暗さが増していて、細かい表情は見とれないほどになっていた。その晩、七十過ぎのキミへさんに「一《いず》のくらぐら」ということばを聞いた。私がここに着いた暗さよりはすこし手前、日没後の最初の暗みをいうようなのだが、このあたりでは、「一《いず》のくらぐらに子連れて出はるな、たが神《がみ》に蹴られる」といった。

「たが神に蹴られると助からん。近所の婆さんで三歳になる子を負《ぶ》って出て、それきり弱って死んだ。たが神に蹴られたのだ」

という。キミへさんは「たが神」がどんなものか知らない。でも、イタコなど、神拝みする人がよく口にするそうだ。

人々は死んでも魂だけは残ると考えていたから、その者たちの世界もあって、生者の昼に対して、夜をそれらのものとしたようだ。そして、昼から夜への移行時、つまり暗みの漂い来るころあいを、あの世の者たちとの入れ替え時とみた。こんなものものしい風の中に、命もまだ強くない子どもが放り出されていたなら、いったいどんなことになるものか知れない。親たちが、見のがすことなく頑固に先の一条をいいつづけたのは、その時分にまだ子どもを手もとにできないでいる心もとなさに、自分たちの眼を失っていく夜に向けての不安が重なり合ってのことだったのかも知れないのだ。

奄美大島の西海岸、名音《なおん》の子どもたちは、遊んでいてつい日暮れにかかったときには、堅い石を二つ持って打ちつけつつ、

幽霊《ようれん》　クヮチ　クヮチ

と、となえながら帰った。

同じく隣り村の宇検村屋鈍《うけんそんやどん》でだと、

あーだんぎ
こーだんぎ

と、となえる。意味は私にわからないが、石を打って火を出しながらのことであるという。人に災いをするもの、魔のものとでもいうか、は、ささいな鳴り物にも身をひき、そして火はもっとも恐れるのだ。

同じ村の平田では、お宮などで夕方まで遊んで帰るときには、

*うっしょっぐゎと　　＊爺っコ
*はんにぇっぐゎと　　＊婆っコ
降りて　こー

と叫んで走って帰る。この「うっしょっぐゎ」と「はんにぇっぐゎ」も、生きてる者ではなくて、死んで宮の森などに住まいする人たちなのであろう。後になった小さな子たちは泣いて追っかけた。

10　あばよ、しばよ

心ゆくまで遊んで、また、親しい友とのあいだが長い道のりで隔てられていたりなどしたら、別れの挨拶も心をこめてなされたことであろう。

あばよ　しばよ
またあした
（足利市名草・東京都）

あばよ　しばよ
金杉《かなすぎ》よ
（東京都南品川）

こんな短い文句の中に、「またあした」と明日の約束まで取り付けているあたり、見事なものだ。おそらく、満足すべき一日を過ごしたのであろう。「しば」というのは、ただ「あば」に合わせるための語だったのだろうけれど、東京では、「芝」と、その近くの「金杉」と地名をひっかけた。栃木の田沼町黒沢でだと「しば」でなくて「さば」なので、また別のものがくる。

あばよ　さばよ
さつまが焼けたら
よんどくれ

これら別れの唄には、どれにもなつかしい者といっときの別れを切ながっている気持がうかがわれるようだ。あの、

「さよなら三角　また来て四角　四角はとうふ　とうふは白い　白いはウサギ　ウサギは……」

の唄だって、なんとかかんとかことばを継いでは、別れを引き伸ばしているように見える。明日また逢うのに、というかも知れないけれど、子どもの時分の一日一夜とは、死んでまた生れ変わるみたいに永かったものではないか。まちがいなく夜のあいだになにか新しいものが加わって、一部別人になっているような気がしたものだった。

だれもよくやったろうと思うのに、「お土産をやる」といって背中を叩くのがあった。叩かれた者はまた引き返して叩き、一方はさらにお返しに行き、かくていっときの馬鹿騒ぎに別れの寂しさもまぎら

わされる。

別れのぼた餅
やーんこ　やんこ
（茨城県小川町上吉影《かみよしかげ》）

「やんこ」は、「やりっこ」であろうか。

別れのぼた餅
十食え　十食え
お父《と》さんと　お母《か》さんに
ゆっとくれ
（茨城県鉾田《ほこた》町借宿《かりやど》）

あしたのぼた餅
今日　やるよ
お土産　三つに
（宇都宮市上桑島）

たこ　三つ
あしたの晩まで残《のこ》しとげ
（仙台市）

だんだん　団子じる
明日のめさまし
（熊本県免田町永才・須恵村平山）

大人は「だんだんなー」といって別れるが子どもは「だんだーん」という。めさましは朝でも昼でも寝起きにぐずったりした時にやるちょっとしたもの、それでひょいと気分をかえる。「目覚しなあっぞ、早よ起きてけ」などいう。五木村山口でやえさん（大正七年生れ）は「だんだんに　ひっかかって　こけんなよ」とうたったそうだ。

となんの　となんの
うちわかれ
じさんにも　ばさんにも
よろしゅう　ゆっくっどなん
（天草有明町大浦）

この辺でも肩や背を叩きながらいう。最後の「なん」は他ではなゝやないゝをここではこういう。

南の種子島西之表《にしのおもて》では、

あしたもーら　ともら

といって背を叩きあった。「よく叩かれたので覚えている。意味はわからない」と、明治二十八年生れの徳永キクさんがいった。

与論島の城《ぐすく》では、これも意味が知れないが、

むっくい

といって叩くと、叩かれた方が、

むくいん

と叫んでやり返す。こうするのを「むっくい付《ち》きらん（むっくい付ける）」といったそうだ。

天草のそばの長島を歩きまわるあいだに、なまのサツマイモを薄切りしたものを干して、真白でからんからんになっているものをいくどか目にした。これはコッパといって、臼で割って粉に挽き、蒸して搗いてコッパンダゴにする。この島の子たちの「あっぱ（さようなら）」するの句。

あっぱ　こっぱ
木の　こっぱ

「こっぱ」は小さい切れ端、「小端」なのであろう。山形で私どもも、沢庵にしても、薄切りの羊羹にしても、「一《ひと》こっぱ」「二《ふた》こっぱ」と数えるものであった。

ここの指江《さすえ》の山手に入ったところで、明治も末生れの竹之内敏雄さんたちは、右の唄に、

急《いせ》いで戻って　ちょかめし食え

とつけてうたった。この人たちの時代でも常食はサツマイモと麦飯であった。麦飯といっても、麦ばっかりのもので、米の飯は「すでめし」といって、これは毎日の仏さまと病人だけ、鍋で炊くほどもな

いのでちょか（土瓶）ですこしばっかり煮る。そのお下がりを子どもがもらうのが何よりの楽しみであった。学校帰りなど、いいかげん腹もすいていることだろうし、こんなすてきなことばをはなむけにもらったら、一人別れて山の道を行くにしても、踏み出す足に力が入ろうというものではないか。

帰ろうや　かーきの葉
行ーこうや　いーもの葉
寄ーろうや　よめなの葉
（五島、岐宿町《きしゅくちょう》松山）

行けやー　ひいざん（山羊）クヮ
（沖縄国頭村安波）

猿のけつは真赤ンだ
ごぼう焼いて　ぶっつけろ
（栃木県益子町七井・宇都宮市石井）

猿《さーる》のでんぼ　赤でんぼ
ねんじん焼いて　おっつけろ
（千葉県飯山市坂田）

坂田のこの唄を聞かせてくれた佐野たけさん（明治二十九年生れ）は、何となしに口ずさんだのだという。昔は猿まわしもよく来たというから、猿とも馴染が深かったのであろう。

11 猿が赤べべ

こうしてさよならした子らは、夕焼けの空に向かって行った者も多いのだろう。

猿ーが　赤いべべ干す
河原のごんべに
いうちゃろかい

（京都府日吉町　新《あたらし》）

猿が赤べべ　干ーいて
商人《あきんど》さんに　告げたろや

（宮津市大島）

女の子はちょうどこんなふうに、親にかくれて箪笥《たんす》の奥から晴れを出して見ては、心を楽しませたものだ。ふだんの棒縞や藍の木綿の世界での、また、すべて煙の息吹きを受けて色度を落とした座敷の中での緋の色などは、まさに夜が明けた色で、陽の色で、子の心を照りはやした。けれども先にもいうようにこれらは、親の留守をねらってのことなので、心には終始うしろめたさがつきまとっている。この子らの心のわだかまりと、夕焼けの唄の「告げ口」とは、どうも無縁ではなさそうである。

奄美大島や沖縄では、天にもこちらと同じように家が建っていて、その家が火事になった、とうたう。

天の家《や》の　焼いて
明日《あちや》や　晴《ひや》り　晴《ひや》り

（奄美大島、宇検村《うけんそん》・住用村《すみようそん》）

あかなー家《や》ーの
焼きたんど
山鶏《やんむち》　買《こ》うて
たっくゎーし＊

＊くっつけろ　（那覇市）

アカナーは、全身真赤で子どものような想像上の生き物らしい。その家だってどうもたいした大家ではないらしく、鳥黐《とりもち》でくっつけて修繕せよといっている。

あかなよあかな
まーかいめいんしぇが　　（どこへおいでか）
　あかな
山芋掘汝《んもほりや》にかますんど　　（沖縄大里村大城）

第二集

ソテツ
かご
東京、先代
52.9.12

偏りがちに
大これ描く

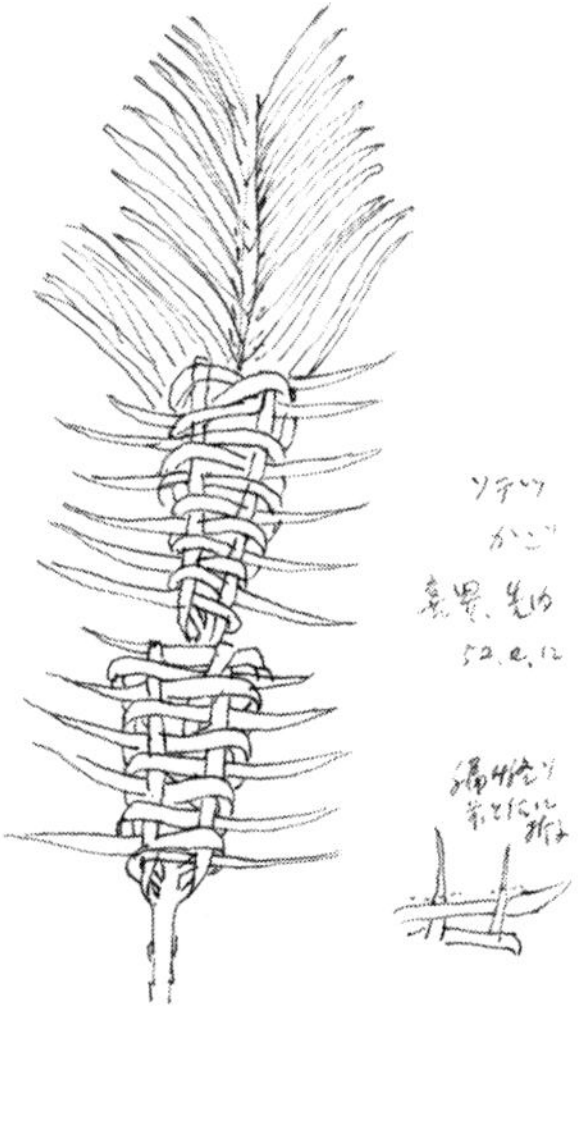

12 一番星、見つけた

空を焼いた火がすっかり落ちると、一方からは気の早い星も身をのり出す。子どもはそれを迎える姿勢で空を仰ぎ、まるで、見つけた星が自分の所有に帰するとでもいうかのように、声張りあげる。

一番ぼーし 見ーつけた
二番ぼーし 見ーつけた （各地）

あん星《ふし》 一《て》ーち
わん 一《て》ーち
あん星 二《た》ーち
わん 二《た》ーち
あん星 三《み》ーち

わん　三《み》ーち
（沖縄国頭村安田《くにがみそんあだ》）

「あの星一つ、私も一つ。あの星二つ、私も二つ……」とだんだん数を読んでいく。なにかほかにいうところがあるのか、私にはわからないが、星の方に自分の身を倣わせたあたり、この人たちのやさしさがしのばれて心地がいい。安田《あだ》の宮城カナさんという七十代の人がおばあさんから教えられたものだという。

暗くなるまで遊んで家に帰ったら、庭先から道までも出て子を守《も》っているおばあさんなどとひとつになるかもしれない。母親は帰っているのだが、これで子守りが終わったわけではない。母親は子の顔など一瞥するまもなく、最後の大仕事、飯ごしらえにかからなくてはならないのである。小さな子は目ざとくその姿をとらえて、または声を聞きつけて、これも最後の大泣きをするので、守《も》りは外に出て、なんとか子の気をまぎらせてやらないといけない。腹を空ききらせている子にも、くたびれている守りにも、つらい時間だ。

京都の日吉町 新《あたらし》のあたりでは、こんなおばあさんの唄も聞こえてくる。

おっ父《ちゃ》は早《は》よ　戻《も》ーりいな
山にコンコン　鳴いとっぜ

遠くまで出ている父の帰りはもっと遅い。その日の場所によっては帰りが真暗にもなる。どうやらおばあさんは、背の幼い者とともに、大きな子どものことを案じてうたっているのである。

可愛や蛙
親には似ーで
しっぽが生《は》えて
（島根県仁多《にた》町八代《やしろ》）

息子たちとのあいだには衝突もあろう。けれども孫は、どれほど引き算しようと、その可愛さはかぎりない。「雪より霜の冷たさよ　子より孫の可愛さよ」という心なのであろう。

13　お月さんいくつ

「お月さんいくつ」の唄も、こうした折にうたわれるものである。これには、そばにまつわっている、背の子の姉や兄たちも加わろう。幼い者は燃える火やら、灯の入った電球などを凝視する。空にもかもか上ってきたまるい灯火にも、泣きを忘れて見まもるはずだ。

お月さま　なんぼ
十三　七つ
茨のかげで　ややなして
おまんに　ぶせれば
おせんが　うらみる
おせんに　ぶせれば
おまんが　うらみる
（新潟県上川村九島）

お月さん　なんぼ
十三　一つ
そりゃまだ若い
わかやの縁で　油一升こーぼして
あちらの犬と　こちらの犬と

ねぶりおおてそうろう

（三重県美杉村丹生俣）

お月さん　なんぼ
十三　七つ
七つまでは　わらべ
油買《か》ぎゃやったれば
油瓶《ずまし》うち割って
泣かっしゃんな　のーい

（牛深《うしぶか》市吉田）

お月さんなんぼ
十三　七つ
まだ年ゃ　若いな
こんど京へのーぼったら
守《も》りの銭《でーで》で　あーまい買うて
進ぜましょ

（奈良市日笠）

まんまんさんな　いくつ
十三　七つ
七つで　子もって
子は　だれ抱かしゅ
おまんに　抱かしゅ
おまんな　どっちいた
たかせの町に塩買いに
塩は買わでな　馬《んま》こうて
んーまにゃなにを　くわしゅうか
去年の稗がらと　今年の粟がらと
一わずつ　とり食《か》しぇた
（菊池市隈府《わいふ》）

*とうとうめーら　とうとうめい
*何処《まーかい》めいが　とうとうめい
北《にーし》の海かい　章魚《たこ》捕《と》いが
たーことって　何《のう》すーが

*お月さま
*何処へおいでか

我《わ》ー親《うや》に　呉《くり》るんて
汝《や》ー親や　誰《た》ーやが
十五夜　大月《うつちちゆう》

（沖縄国頭村奥《くにがみそんおく》）

国頭は島のいちばん東部、奥の部落はまたその端だ。同じ月が十五夜をわが親といってるのはおかしいようだけれど、昔は、太陽が十個もあって、これが毎日交替で出てくると見ていた人たちもいた。小さい姿の月を子どもと見たって、そうたいした不思議はない。

ちっきゅうとーと
あんがま　とーと
我《わ》ー元《むて》　大屋《うふや》ーとーぐら*
ちくて　たぼーり

*炊事屋
（与論島立長）

とーとーめ　まんぐるぐる
大餅《うふむち》やてぃん　小餅《ぐまむち》やてぃん
うたびみそーり

（沖縄西原村《にしはらそん》池田）

（お月さまよ、まんまる月さま、大餅だっても小餅だっても、くれてください）

山形の謎に、太陽と月をさして、

「青屋の座敷に小餅二つ　なんぞ」

というのがある。彼らは、天のまるいものを鏡になどは見なさずに、もっと暖かい、腹の足しになるものに見た。手にとってかぶりつくにも、ころあいな大きさだと見たことだろう。

14　夜糞どの

夜に向けて子どもには一つの心配ごとがあった。夜中に用足しに起きることである。私なども、子どもの時代にいちばん身を苦しめたといえば、そのことだ。百姓の大便所は家からかなり離れているのが普通である。そこまでどころか、庭先に出るのばかりも怖いのだが、山国の夜は息もつまるような闇で、その闇を体にした大入道がつかみかかるように思えて、彼の腕の下逃げきれるかどうか確信がないのだ。それで子どもは、せいぜいまじないをとなえておくことだった。

夜糞どの　夜糞どの
昼またれでもいいがら
夜たれますな
（宮城県牡鹿町長渡浜）

文句に少々違いがあっても、このとなえごとは東北で広くいうのだ。山形の朝日町川通では、「よんくそ様　よんくそさま　夜行がねで朝げん行ぐようにして　呉《け》らっしゃい」とうたう。

ちょうずやの神さん
ちょうずやの神さん
明日の晩から忙しいけ　よう来んけ
隣の婆さん頼んでください
（岡山県美甘村羽仁）

便所の神さん
便所の神さん

明日の晩は　お客があるから
よんで　くるるな（熊本県倉岳町棚底）

明日から　来やならんで
待ってくいやんな（阿久根市脇本）

クソゴヤンカミサマにことわりをいうのだという。

さて、もう一度外の月と子どもにもどろう。月には、私の時代のころまでは、ウサギが住んでいて餅をついていた。それとすこしでも関係するものかどうか、村には山ウサギについて妙な伝えがあった。これは決して飼い馴らすことができない。どれほど厳しく囲っておいても、十五夜の晩になるとかならず逃げてしまうというのであった。

山ウサギは冬のはめずらしくない。男の子たちば針金の罠をいくつもかけて、毎朝スキーをはいて見まわりに行っては、何匹も捕ったものだ。だが、それ以外の時節にたまに生け捕りされるものは、毛が落葉色して、白いウサギしか知らない私どもには別の生き物のようで、見るのが楽しみだった。あるとき、精米所といっている家で、まだ大人になりきらない、中型の一匹を捕った。家の前で箱を伏せて飼っていたようだったが、私どもが通りかかったとき、その家の男の子は、明日が十五夜だからといって、大げさな臼をウサギにかぶせるところだった。村の臼は小型のものとてはなく、小さな子どもなら、なかに隠れられるほどの大きなものばかりだ。厚みだって七、八センチはあるのだから、これでは、月夜の晩の機会も彼には通用しないと、私はウサギのためにだいぶがっかりしてそこを去った。

ところがこのウサギ、ほんとうに逃げたのである。きゃつは地を掘る生き物ではなかったか、と今にしては思うけれど、そうした痕跡があったものかどうか、確かめてはいない。ただ私の胸には、あふれそうに張った満月が中天に静まり、たんぽぽ色した光を振りまきはじめると、臼の下のウサギの眼は、だんだんに切れ長の大きな眼となって、よく張り、体も二回りも三回りも大きくなって臼を通り抜け、山に帰って行った、その姿を確かに眼にしたように思われたのだった。

畑の作物は、昼はふとりこそすれ、大きく伸びるのは夜間だ。月は、体から打ち出る波を、畑にも、野山にも注ぎ、作物も草木も、そして屋根の下に眠る子をも育てるのであろう。

沖永良部《おきのえらぶ》の子らは月に願う。

とーとー　はーや
わぬ　ふでらちたぼーれ
(お月さまよ、私を大きくしてください)

15　犬コになれ

私の子どものころ、履物は冬期を除いては藁草履《わらぞうり》であった。まれには緒《お》に木綿の裂いたのを綯《な》い込んだものがあって、これは足当たりがよかったし、綯いまぜになった二色の妙が嬉しかったが、大部分は藁一そうなものだった。これらが緒のところを一抱えほどの固まりにされたものがいつも作業場の天井からぶらさがっていた。この中から、自分の足にほどよい大きさの、履きよさそうなのを選んでおろす。大人と子どもの物は別にしてあり、およそ大・中・小とあるので、この固まりのかさは減ることはあっても、すっかりなくなるということはなかったから、親は夜なべにでも編みたしておいたのだろう。

私などは一足おろせば、五日も六日も履いたのだっただろうと思う。鼻緒が切れたときには、一、二度すげかえるのである。男の子など、一日に一足も踏みつぶす。それで親たちはよく、「編む先から減らしていく」といって、草履作りの難儀さをこぼすものだったけれど、でも、それが子の達者さの証《あかし》だというようにして、まるで自慢しているような表情ばっかり私にはうかがわれた。

草履にかぎらず履物は、朝のうちにおろすものとされていた。どうでも昼過ぎてからおろすときには、妙なことにかまどの墨をつけねばならなかった。数日履くあいだには、夕方にも草履が駄目になる。すると飛んで家に帰って、前のようにして一足を引き抜き、片方の草履の底でおかま（かまど）のヘソビ（火墨）をなすりとり、こんどは底と底とをすり合わせて墨を行きわたらせ、それから履きおろした。どうしてこんなことをするのか。ほかの折でも、なにか奇妙な行ないがなされるときには、「なぜそのようにするのか」としつこく親に問うていた。それだからこれについても尋ねているにちがいないのだが、親にだってわかるはずもなく、例によって、

「昔の人かしたことだはげ」

と答えていたのだろう。

こんなことは私たちだけがしたことかと思うと、むしろしないところがめずらしいほど、どこの地でもなされていた。笑って馬鹿にしてしまうような、つまり迷信というようなものも、その最初は、どうでも手抜きのかなわぬ、切実な理由があってなされたものだったのであろう。

奈良市の阪原という山の村で、二年前、午後から寄って話を聞いた中しゅさん（明治三十年生れ）のところでは、その晩、家族でもてなして泊めてくれた。そのしゅさんは、草履にかまどの墨をつけながら、

よいことに　会え

よいことに　会え

と、となえるという。これはしゅさんが子どものとき、おばあさんがやってくれたことだった。

こうしたまじないごとは、おばあさんとか親たちこそ熱心なのであった。この人たちは悪いことはなんでも、カミとも、モノとも、マモノともいう、死んでも行きつくとこにも行けないで、惑い歩くものの仕業と考えていた。このモノは、人の幸せに激しいねたみをいだくのであって、とりわけ大事の子を、取り分けて取ってしまうのである。それだから親たちは、これから子を守るため、いささかなりとの可能性にも目をつむることができずに、ひたすらまよけのまじないに頼ることになった。

火墨につづいていうけれど、親たちはこの墨を赤子の顔にも塗ったものだった。これも不思議に草履と同じようなことで、幼い子は夜間は外に連れ出すものではないというのだったが、帰りが日暮れにかかるとか、峠を越すとか、やむをえずに暗くなってから出すときには、「まのよけ」だといって、額に火墨をべたっと塗る。沖縄ではその墨をつけてやりながら、こんなにとなえた。

母《あんま》ーど　見《ん》じゅる
誰《た》ーが見《ん》らんど

母さんだけが見る、ほかの者は見ないぞ。悪いものの目にはかかるな、ということであろう。岩手の釜石市唐丹《とうに》のあたりだと、またかわって、

外さ出はったら　犬コになれ
家《え》さ入《はい》ったら　人コになれ

これは人によっては、「犬コんなれ　猫コんなれ」ともいう。福井の名田庄《なたしょう》村などでも「犬《いん》の子、犬《いん》の子」といってつける。それで墨塗りの名称もインノコで、「インノコしてやろ」などという。「犬の子になれ」とは、ずいぶんおかしく聞こえるであろう。けれども、前にいうモノは、人の子にこそ跡つくほどの邪眼を向けるが、犬の子などはまったくめでない。そばに寄ったって、踏んづけもしない。それだから犬の子はみなみな息災に育つと、親たちはまた考えてしまうのだけれど、その安全な犬の子に、一時なりすまさせようというのである。

徳之島では、子がクシャミしたりして風邪ひきそうなようすであると、「犬《いん》の子よ《くわ》ー」と子に呼びかけてやる。クシャミなども怪異な現象で、これをしたときにはそばにマジムン（まのもの）が来ているというのだ。それで、間髪を入れず「糞《くす》っくらえ」と叫んで追っぱらってやらないといけないのである

が、風邪もまた同様で、これら悪いもののおこす風によってもたらされると考えられているのである。

　火が燃えたあとに残した火墨には、魔を祓う不思議な力があるわけだ。おそらく、彼のもっとも恐れる「火」を代理する役柄でも負わされているのだろう。子どもが川に水浴びに行くとき、火墨を塗って行けば「河童がとりきらん」などともいうことだ。

16　川の神さま

ところで、こうしてみるなら、河童もまた火を恐れる類の仲間らしい。好んで子をひきこむというけしからぬ行跡にしてからにひとつだ。これはところによっては、川の神だともいう。そのどちらにしたところで、これまで述べた、やっかいで、ありがたくない、できることなら遠ざかっていてもらいたいモノに、似たり寄ったりなのであろう。

　水神さまは、屋久島でいうところの、たいへん「はらがけやしい（腹立てやすい）」神さまだそうだ。川をまたぐときなど、だまってだと、たまがって（びっくりして）さわりがあったりするから、いきづ

きして（咳払いなどして）通る。楠川《くすかわ》で川崎かやさん（明治三十二年生れ）は、地や川に熱い湯など投げるとき、

地神《じじん》　水神《すいじん》
よけめしぇ　よけめしぇ

と、となえるものであった。

四年ほど前に歩いた熊本の相良《さがら》町川辺のあたりは、家々の前の道路に沿って、広くはないが水量の豊かな流れがあった。ちょうど六月なかごろのことで、各家の洗い場にあたるところの土手に、一本の棒にナスをさしたのが立ててあって、それを見ながら歩いた。これは、「一番ない（初なり）の一番良かとば水神さまに供えた」ものだそうで、こうしないとあとなりに爪型がつくのだそうである。今はその洗い場も、多くは使っていないふうで草になっていたけれど、以前はこの水を飲料にし、顔も洗ったのだった。宮崎政義さん（明治四十三年生れ）は、早朝、また夜に水汲みに行ったときには「水神さまごめんなっせ」と、ことわりをいったものだと話した。「まだ休まれていて、たまがいなっで」という。

当然のこと、子どもにも、川に小便するなぞの粗相に及ばないよう、厳重に言いわたされる。

けれども、どういうものか、子どもはおおいにそういうことをやってしまうのである。高みからする

のも気持が晴れそうだし、また音を作りなせる業も放っておけない悦楽なのだ。それでも、つねづね親を倣っていることで、やってしまったあとで不安になる。親たちはよく、病気などをすると、占ってもらった。すると、「川に小便したので水神さまのさわりがある」などといわれることもある。そんなことだって思い出すことだろう。こうなったら、ことばをつくして謝るにかぎる。

川神さま　ごめんなんしょ
（足利市松田）

川の神さま
戸をたって　くんなさい
（新潟県浦川原《うらがわら》村上柿野）

川の神さま
*そらあがって　くさっしゃい
＊川上　（石川県小松市大杉）

川の神さんのーちょくれ
舟にのってのーちょくれ
（岐阜県関市下有知）

親の目　つぶれんで

蛙の目　つぶれろ
（長野県鬼無里《きなさ》村押出《おしだし》）

最後のは、雨垂れ落ちにまる〻（小便する）ときの唄だという。

みみずの神さん
のいとれよ
上から　茶をかぶせるよ
（徳島県宍喰町）

これも地上でする時の唄だ。こんな時必ずチンチンがはれる。みみず（どんなでも）を洗えばなおるそうだ。

蛙もみみずも
ごめん　ごめん
（徳島県神山町上角）

屋久島の麦生《むぎお》で、明治三十一年生れの大山トキさんらはこんなにとなえた。

ごめん　ごめん
こまかもんな　知りもさん
犬《いん》の子、犬《いん》の子

子どもだからなにもわかっていないのですと言いわけしているのに、もうひとつ念を押して、これは犬の子だといっている。ここまで来ると私はついふきだしてしまうのだが、この「犬の子」も彼らの発明でないこと、前にいう大人のまねびであるといっても、たいてい間違いはないのだろう。

麦生のこのあたりでも、産まれ子をはじめて外に出すときはヘグロ（火墨）を子の額につけ、臼の上に抱いて鍋蓋をかぶせ、「犬《いん》の子、犬《いん》の子」ととなえる習いなのだった。

17　うるしに負けね

連れ立って山を行く時は、先頭に立つ年かさの男の子など、「うるし」と叫ぶ。これにしたがって後から行く者、たちまち警戒体制に入り、一刻も早く毒木の下を離れようと走り抜ける。男の子たちは山歩く時たいてい鎌や棒を持っていて、うるしの枝が道にかぶさっている時など、これで持ち上げてくれたりした。

しかし、年長者のいない折など、中には強いところを誇示しようというのか、わざとうるしの木を折り、踏みしだき、棒で叩きまわし、まるで仇を討ちとめるような振舞に及ぶ者もいた。当人は、そんな危ないことをしても大丈夫だという自信があるのだろうが、まわりの者にはこれは大きな迷惑で、うっかり折れ散った枝葉の汁がつきでもしたらと、よほど広く迂回をしなければならない。また、そうしたところではうるしの小木も多く、道なき道を行く時は知らぬ間に枝葉で顔を払われたり、咄嗟に摑んだ枝の先に目をやってうるしの木なのにぎょっとしたりするのである。

うるしにかぶれることを、村では「負ける」といっていた。「うるしに負けた」といい、「おれはうるしには負けね」という。うるしと、こちらと力関係にあって、うるしの木の方が力勝ると、人は負け、また人が強ければうるしは引き下がるらしいのである。私たちはうるしの傍を通り抜ける時、息もつかないほどに身を固くしながらに、口々に、

うるしに　負けね
うるしに　負けね

と叫んだ。これは今に思えば、自己暗示とよりは、相手のうるしに対しての威嚇・暗示のようであった。

はっきり、「負けない」とわかっている者に力振り分ける者もいないからである。うるしを仇敵のように扱っていた者たちもひょっとしたら強いところをうるしに対して誇示したのだったかも知れないのである。

うるしに負けたと気づくのは朝である。目は覚ましたのに物が見えない。そんな筈はないと心して見開けば辛うじて細い透間から常の風景がうかがえる。少し動きまわる間には、腫れもやや引いて、立ち居に不自由なほどではなくなるのだが、外から見るなら目は横一文字だけとなり、縄文土偶の遮光面の趣になる。

うるしに負けた時の治療法は決まっていて、まん丸にふくれ、ほてった赤い顔をして、家の裏に沢蟹を捕りに行った。飲み水の元にもなる小さい清水の石下にはいくらでも沢蟹がいるのだが、何しろ普段の何分の一かに視界が狭くなっているものだから、顔をむやみに下げたり、上げたりの不自由を味わいながらやっと二つ三つを捕え、布に包んでその上から石で叩き、その汁したたる布袋を顔面に叩きつける。ほんとうに薬用があったのかどうかは知らない。熱を持った皮膚にひどく気持がよく、一通りの手当は施したということで、その後はふくれた顔の重さもそう気にならなくなった。

右は、大人たちも負けた折はすかさずやる一般的なものであったが、この他にもある療法を私は見ている。我が家の裏にある家では、男の子ばかりで、それでよくこの人たちのうるし負けの顔も目にしていたのであるが、中でも私より二つ上の信雄さんはうるしに弱いのか、ずいぶん派手にかぶれていた。ある時も、この人、人より大き目の顔をさらに一段と増大させて家の前で空を仰ぎ仰ぎしている。傍に寄って見たら、太くて立派なミミズを指先につまんでは空向けた顔の上を這いまわらせる。ミミズはたちまちに触れた端から体がでこぼこに腫れ上がっていく。そうしたらそれは放ちやり、傍の空缶内から別の一匹をつまみ出して右を繰り返すのだった。蟹の汁をつけるのより、殺さないだけまだましなようにも思うけれど、それにしても、その後のミミズ等は、どんな療法でかぶれを治したのだったろうか。

親に　負けても
うるしにゃ　負けん
（徳島県東祖谷山村落合）

これはおかしい。誰にも負けないと力むより、負ける相手も一つ出したところでより真実味があるわけだが、昔の親はまったく強かった。こちらが正しいことをいって、向こうが間違っているのがわかっていたとしたって、決して負けたりなぞしないのだった。

うるし　勝った　勝った

わしゃ　負けん
わしは大和の　相撲《すもん》とり
（奈良県大宇陀町粟町）

うるし　負け負け
おれの方《ほう》が　勝つぞ
（奈良市大慈仙）

こう唱えて一枝折っておくとかぶれないという。
以上は硬派のものいいであったが、例によって凝性友好関係を作り出そうという手管もあるのだ。

うるしさん
おはよう　ごいす
（山梨県芦川村上芦川）

こう挨拶して、自分の方から露かぶるとかせない、これはネノさんが教えた。普通なら、木の下を通って露を浴びたばかりでもかぶれるといって、駆けて抜けたり、遠廻りしたりするのだ。恐れながら逃げまどうよりは、進んでお迎えした方が相手の心証良くするというういわれである。

うるしさん　うるしさん
おら　うるしの子に
してくれろ

だと聞いている。

うるし　うるし
お前とおれと　夫婦《めようと》

（長野県鬼無里村押出）

こういってからなら、いびって（いじって）も大丈夫だそうだ。

うるし　うるし
おれ嫁に行くから
なな　かぶれと

これは同じ長野県戸隠村平の、ゆきのさん。ななは否定の辞、「そりゃななやっと（やってはいけない）」などいう。うるしには弱い人と平気な人と極端な差がある。ゆきのさんの話に、黒砂糖を入れた紙袋には糖が湿り出てシミを作ったが、この袋を「うるしやが持って来た」と、からかっていっただけでかぶれた人がいたそうだ。この地ではかぶれた際の療法として、オサグサ（シシガシラ）を蒸し焼きにしてつける。しかし、「きくともない」とゆきのさんはいった。

うるし　かぶれんな
おれはお前の　おばやぞよ
（三重県美杉村丹生俣）

うるしかぶれは厄介ではあるけれど、蜂に刺されるような痛みを伴うわけでもなかったので子どもはそれほど頓着しなかった。むしろ、娘や女親たちの方がはるかに警戒していたようだ。子どもには問題にならなかったかぶれによる面変り、この人たちにはきっと恐れの対象だったのだろう。「おばやぞよ」とつぶやきながら敬遠の眼差しで木を見上げつつすり抜けようとしている女親たちの姿がうかがえるのである。。

何にしても、自分の兄弟だ、夫婦だ、おばだといっているものに、どうして手加減なしの仇が加えられようか。

岐阜の神岡町吉田で中田伊兵衛さん（明治三十六年生れ）も、「おれとおまえと仲ようしぇまいか」といってウルシの木に酒をかけ、それから自分も飲む。

ウールシ　かぶれんな
おーりゃ　猫の子ーやぞ
（三重県宮川村茂原《もばら》）

猫がウルシにかぶれるとも聞いたことがない。きっとウルシが相手としていないのであろう。

18　めえぼかと思たら「モノモライ」

このように種々の策略をめぐらすことでは、目にできるモノモライに対しても似たようである。ウルシは、大人だってひどく負けた人は寝込むほどなのだし、モノモライの方は、起きているあいだじゅう、うっとうしい憂鬱な思いをし、しかも数日も居すわられるのだから、とりわけこれらには真剣に対さなければならなかった。

奄美大島名瀬市浦上で、得きよさん（明治三十年生れ）らは、小指でユンム（モノモライ）のそばを突

きながら、

　ゆんむ　ゆんむ
　我同志《わどし》っくゎ　なーれ

と、となえた。こちらでは友だちのことを「どしっくゎ」という。手に負けないやっかいなものは、懐柔して仲間に引き入れてしまうというのも一手なのである。

同じ大島でも、西海岸の根瀬部《ねせぶ》とか名音《なおん》とかでだと、指できつく押しながら、

　いびり　いびり
　我《わ》ー　おとっぐゎ

という。このあたりはモノモライの名はイビリになる。おとっぐゎというのは、弟でも妹でも自分よりおと（年若）なる者をいうのだが、この句の下には、「入れ」という語が省略されているらしい。根瀬部のあいまつさん（明治二十七年生れ）も、名音で川畑みえさん（昭和三年生れ）も、「おれの弟（妹）に入れ」という意味だと教える。ところで、これは、おとっぐゎを持たない末子を頼んでなされるのだ。

平常、踏みつけにばっかりされているイビリ、めずらしく招待を受けたのだから、さっそく場所替えしようと、喜んで出てくる。しかし、さて入ろうとするに、その弟とか妹とかはこの世にいないのである。もっとも多く、全国的規模でなされているのはこういうしかただ。井戸の上か、川のところに行って、小豆を一粒瞼にはめたり、こすったりしてから水に落とし、となえる。

めえぼかと思たら　小豆やった

メエボは、「目疣」なのであろう。これは、滋賀、福井、島根、徳島などでいう。茨城の鉾田《ほこた》町のあたりでは、大豆で目をこすってから、

おっと豆　ぽろった

と落とす。

種子島の東海岸安城でだど、かまどに塗りこめてある藁《わら》（かまど築くときは、補強に、刻んだ藁を土にまぜる）を抜きとったのでイモラ（モノモライ）を突きながらいう。

いもら　いもら
いもらと思えば　犬《いん》の糞
犬《いん》の糞と思えば　いもら

イモラは、だんだん自分がイモラだったか、犬の糞だったかわからなくなってくる。そしてついには、やっぱり犬の糞だったかもしれないと、ぽろり崩れ落ちる。

だれだって、自分が「何」か、そう確かではないのだろうと思う。それが、「おまえは何だ」と明るくいう人がいると、そういうものかなあという気になるものだ。

私の山住まいの庭に、ある春、見なれぬ草が一本生えた。枝を横に張って、茎に紫色っぽいところもある。どうもナスに似たようだ。花が咲いたら、いっそうそれの形で、ナス科の草には間違いない。ナス科でこんなに花がいっぱいついたとなると、……。

「ああ、千成りホオズキか」

と私は叫んだ。これまで私はこの草を見たことがなかったのだ。そしたらじっさいしばらくしたら、早ばやと花を終わらせたそれぞれの跡に、かわいらしい青い莢の袋をたくさんさげた。私は、あのとき、「これはナスだ」と叫んでいれば、むこうだってその気になって、今ごろは小さいながらも、いいおかずになっていたのにと、しばらく口惜しい思いをしていたことがある。

19 めえもん、かいもん

子どもの時代の難儀は一に目に入るゴミであった。大人ならゴミ、埃が面前にいたるや瞼《まぶた》細め睫《まつげ》の網戸をおろしてあらかたの災は前もって防げるが、小さい頃には物を見ることばかりが熱心で、睫の機能を働かすことにも未熟、それに砂や土煙を浴び、林の中に風巻き起こし、舞い立つ埃のただ中に身を置くのだから、目に割り当てられる、ゴミ・埃の量も、そもそもが規模が違うのである。

ごく幼い者がこんな立場になったら、泣いて親の許に馳けて行く。すると親や子守のおばあさんなどは舌で子の目をなぞってくれるものだった。異物はきっと舌の細かい突起にでもさらわれる格好になるのだろう。これはきわめて常識的に行われているらしく、呪いや唱えごとを教えて欲しいと尋ねると、「呪いなど要らない。これがいちばんいい法だ」と答えてくれるおばあさんたちがいて、しばし話の取りつき方をなくするのである。またこの人たちがすすめてくれるもう一つの方法は、乳を注ぎ入れることだ。これもしごく確実、糊のように粘る乳がゴミを誘い出すのらしい。乳は出来るだけ多い方がいいという。

しかし、少し大きい子たちは、家から遠く離れてばかり遊ぶものだから、こうした親の助けも望めず自分自身で、何とぞ早く出てくれるようにと念じながら、呪いをこうじることになる。

私どものやったのは呪いともいえたものかどうか、ただ瞼を親指と人差指とで大きく見開かせ、そして唾をペッと吐くのだった。目玉をむき出しにしていれば、遂に涙が湧き出、さしあたっての潤滑油となるらしく、何かまわずにこすってしまうのなどからみたら、こじれようもずっと少なかった。しかし、そのていどで納まるならよほど運のいい方、二度、三度、唾もなくなるほど盛大にやってみても駄目となると、自分の身の内にありながら、何里隔たった地うかがい見るよりなお覚つかないまま、ただこすり、いじりまわすだけ。

たちまち目は真赤に充血し、先ほどまでの時に位置を変える痛みは慢性的となり、こんどこそはほんとに大涙あふれ、その涙が何とか流し出してくれることになる。この間、目の中のものが細かい細かい粉になり、汚れ水と化し、足踏み外すようにすべり出し、また飛んで出てくれることをどんなにかねがったことだろう。ことばに出してこれをいう地方も広い。

土なら　畑行け
石なら　川へ行け
ごみなら　掃きだめ行け

(三重県宮川村岩井)

めえもん　かいもん
隣の　ばあさんの
目ぇ入れよ　フッ
（滋賀県土山町青土《あおづち》）

目の中のゴミをメエモンといっている。「目の物」というのだろう。明治三十四年生れの飯場みえさん、
「目えもん入るやろ、そしたらいう」
のだという。これはおばあさんなどがやってくれるもののようだ。瞼を押しあけておいたところに、最後の「フッ」で息吐きかける。

めもんじょ　こもんじょ
せまかとけ　おらんばってん
広かとけ　出らっしゃれ
（五島、宇久町下山《うくまちしもやま》）

めえもん　めえもん

俺《お》っが目ーば　ようなしてくれれ
＊つんつんねんね着すっで

目の神《かん》さん　目の神《かん》さん
目に物が入ったけん
猫なと　犬なと
とって食ってごっさいや

＊きれいな着物　（五島、奈留町大串《なるちょうおおくし》）

松江のそばの中海に大根島というのがある。そこの遅江《おそえ》で、昭和五十年に逢ったとき八十六歳だった門脇ツネさん。入ったものが猫であっても犬であっても、それを取って食ってしまってくれといっている。これはメエモンにとって脅威ではないか。

めえもんの神さん
目えゴミが入ったけ
取って食ってつかあはい
今欲しなけにゃ

前の川へ取って投げて
つかあさい
（鳥取県関金町泰久寺）

*木《ひい》の物《むの》や　木《ひい》かてふぁい
*石の物《むの》や　石かてふぁい
*泥《どうる》の物や　泥かてふぁい

*木なら木に行け
*石なら石に行け
*泥なら泥に行け　（与論島立長）

これをいって三回息を吹くという。

目《み》ーぬぼぼ　ぼぼ
魚《ゆゆ》と飯《めーめ》と　*食《か》ましゅんと
*なおっち　たぼーれ

*食わせるから
*なおってくんなさい
（沖永良部国頭）

*目《み》んちゃむやー　みんちゃむやー
*塩屋《まーすや》んかい

*めえもんよー
*塩作り小屋に

塩《まーす》　舐《な》みーが　行きよ
烏《がらす》の　むんちりゃ*
明日《あちゃ》　出《い》じれ
我《わ》ーの　むんちりゃ
今《なま》　出《い》じれ

（沖縄、与那《よな》城村西原《ぐすくそん》）

*めえもんや

（奄美大島、名音）

石だら　跳ねろ
土だら　溶けろ
木だら　流れろ

（岩手具岩手町大渡）

空行くカラスやスズメは巧みにものをかすめ取るもので、彼らも子どもから頼みを受ける。指で瞼を上下に押しあけながら、空仰いでいうのだ。

かーらす　からす
目えもん　取ってくれ

麦《むーぎ》を一升　米《こーめ》を一升
まーいちゃろ
（広島県河内町《こうちちょう》小田）

雀どん　雀どん
おいが目に　砂が入《い》ったじ
川から　杓子《しゃくずけ》を持って来て
掬《すく》っくいや　掬っくいや
（鹿児島県志布志町《しぶしちょう》安楽《あんらく》）

しかし、彼らのこと、たのみはじきに脅迫になる。

からひょ* からひょ
おっが目ば　ようなーさんと
んが子ば　取っど
（五島、奈留町大串）

*からす

雀　すずめ
おが目を良《ゆ》せなさんと

おが家《え》ん　軒場《ねつば》に
巣は組ませんぞ
（鹿児島頴娃町《えいちょう》馬渡《まわたり》）

雀どん雀どん　おまえどん坊《ぼう》が
俺《おえ》が　泥を投込《なんく》んだで
＊とうくいやーい
とっくいやーんと
おまえどんおっ母《か》んの　水汲んもどいやって
泥を投込《なんく》んもどいど

＊とってくれよー

以前は泉や川から飲み水を桶で担いだ。洗い川などは近くにあっても、清水は離れたところにあったから、水汲み仕事は女の重労働だった。そのようやくに家近くまで汲み戻った一担ぎ分をあえなくふいにさせる暴挙に及ぶと脅しているのだ。それにしても、この唱え言は、今までの類の中でも最大長いことで際立つ。しかもこの長いものを三回繰り返して、唾を三回吐くのだという。これではいくら長居を決めようとするめえもんでもいいかげんいやになるだろう。
頼まれる動物には空にあるものばかりだったのに、陸中海岸田野畑村島ノ越で明治十八年生れの工藤モンさんがいう鼠は珍しい。

とうとう鼠　とうとう鼠
目《まなぐ》のごみ　取ってけ*ながら
鍋と釜　ぶっこわす　プッ

*くれないなら

20　じいさん、ばあさん

人が鉄器を使用するようになってからは、数え切れないほどの長い年月を経ているのだろうけれど、近年になっても鉄の鍋釜など余計な数は持たなかった。せいぜい釜も鍋も一つ、二つずつ。これらは財産として女は宝物のように扱う。その鍋釜がぶっこわされた日には、たちまち家族の口糊することも出来なくなるのである。これもことさら食を楽しみにしている子らにとっては、堪え得ざるべきことであった。じいさん、ばあさんも、彼らに泣きつかれる人たちだ。

爺《じい》じょう　婆《ばあ》じょう
*いいげぇあ　こぶしゃく　持って来て　　*飯べらや杓子
*こすっ出《で》ぇあて　くれめせ　　*こすり出してくんなさい
（宮崎県椎葉村《しいばそん》小崎）

これは明治三十三年生れのおうらじょうが教えた。こちらでは、名前の下に敬称の「じょう」をつける。

わしの目え　ゴミが入《はい》った
じいとばあと
金の杓子で　掘り出せ　掘り出せ
（山口市仁保《にほ》）

天井の　おばば
おれの目さゴミ入った
金の熊手で　さらってくれ
（茨城県佐原市福田）

おれの目《まなぐ》さ　ゴミ入った

じさと婆さと
取ってけろ　（秋田県東成瀬村岩井川）

このじいさん、ばあさんは、彼らのそばにあって面倒みてくれる生身の人たちではない。カラスやスズメのいる場と同じ、天井にいるそれらである。死んだ人たちは、みなが、前に見てきたようなモノになるのではない。多くは、家族の介抱を受けて世を去り、生きていると変わりないような親しいまつりを受け、あとに残したなつかしい者たちの無事を願いながら、遠くから見守っているらしいのだ。

ふだんはすぐ近くに出張るなどということはないのだろうけれど、かわいい孫たちが助けを呼んでいるのに、どうして行ってやらないでいられようか。

「金の杓子で」などといっているところを見ると、子どもは、この人たちはものにも恵まれて、おだやかに暮らしていると見ているのだろう。新潟の牧村高谷《たかたに》のあたりでなら、「ののさま、ののさま（仏さま、仏さま）」とうたう。また岩手の沢内村では「神だち、仏だち」と呼びかける。じいさん、ばあさんは、これら「ののさま」にも「神」にも置きかえていっていい人たちなのである。

それにしても、子どもにとっては「神さま」などよりは、「じいさん、ばあさん」の方がどんなにかあてになる人たちなので、彼らの唄にはよく、これが出るのだ。平戸市津吉《つよし》の子らは、クジを引くとき、うたった。

じいさん　ばあさん
よかとこ　くんなさい

第三集

21　風の三郎さま

旅をしているあいだに、家の前に建てた屋根ほど高い棒の先に、鎌をしばりつけてあるのを見たことがある。ちょうど秋ごろだったと思うのだが、大風が吹くとこのようにするのだそうで、風を除けるまじないであるという。鎌は刃先を正面向けているので、私はそのとき、向かってきた風が身ふたつに切れて、それで左右にそれるのだろうと思ったのだったが、ちがうのだろう。風は身が切られる前に、そんなぶっそうなところに近づかない、つまりははるかに除けて通るのだろう。こうした大風の吹く時節になると、稲の八分がた姿をなし、あとの残りの実の入る期間のつつがなさを祈って、各地で風まつりが行なわれるものだった。新潟の、阿賀野川をずうっと奥に入った三川《みかわ》村のあたりでは、二百十日に、若い衆に子どもがまじって法螺《ほら》やら太鼓を鳴らして、風の神を村の外まで送り出した。途中、こんな唄を叫ぶ。

風の三郎さま　風吹いで

くやーな　くやーな

不思議なことに、山形の私の村のあたりでも、風の名前は「三郎さま」であった。小さな子どもにばかりだったかもしれないのだが、「ほら、風の三郎さま吹いで来んぞ、家さ入れは」などいう。こういわれると、風は、袴はいて来るようなずいぶんえらい男のように思われたものである。「三郎」という名前は、さぶいから「さぶろう」かなどとかんぐってもみるけれど、決して悪い名ではなく、それにさまは、村ではなんといってもたいした敬称だ。風だって気に入らないはずはなく、人々のねらいはそこで、おだてあげて、この荒ぶる男の気勢をいささかなりともそごうというのであろうか。

小さい時分は、たいした風でなくとも、風に体当たりをくらわされると、一瞬目をつむり、息もつまった。そしてこれよりもっと大きな風でもあるなら、体のよっぽどの部分が引きちぎられて持って行かれるような気がした。重量のたよりない子どもには風は脅威だ。遊んでいるときにそんな風が吹いてきたら、風を鎮める唄もうたわないといけない。

風々　吹くな
饅頭《まんじゅ》買うてやるぞ
（愛媛県津島町嵐）

風々　吹くな
貧乏《びんぼ》風　吹くな
（愛媛県内海村家串）

風々　吹くな
豆一升　くれっから
ごうごうと　吹くな
（栃木県田沼町黒沢）

風々　吹くな
ひきにもぐさ　すえてやるぞ
（高知県香我美《かがみ》町岸本）

最後のを教えてくれたのは、明治二十九年生れの山崎さんだった。私がこの町を通りかかった日（昭和五十年二月）に、山崎さんの家は建てなおすのでちょうど取り壊し中であった、それで二人は、通りの陽のあたるところで立ち話をした。ところが、そこを娘さんが通るたびに、お母さんに馬鹿な話をするなと叱る。お母さんは、悪いこと語るのでないからいいだろうと反発はしてくれたものの、二人はどうも落ち着かない。この唄のひきというのも尋ねないでしまった。そのときは、脛でもいうのだろうと勝手に思いめぐらせていたが、のち、これを蝦蟇《ひき》としている本があった。地元で出ている、桂井和雄さんのすぐれた本、『土佐郷土童謡物語』などもそうであったろう。また同書では、相手が風ではなくて「雨々　降るな」となっているのだった。雨と蝦蟇なら縁だってありそうだから、きっと、もともとはこちらが本唄で、風の方はそれの応用かもしれない。

正月に遊ぶ女の子の羽根つきなども、風があってはすこぶる具合が悪い。東京の南品川で育った明治生れの婦人は、「そんなときにするまじないがあった」と話してくれた。唾を地に吐いて、その上に羽根を逆さに伏せて置き、そこをまたいで、股のぞきするような格好で、羽子板で羽根をうしろにはねとばす、そのとき叫ぶ。

風ー吹くな　なー吹くな
東の山へ　飛んで行け

西はすぐ海だったから、反対の山手の方へ追いやったのだろうという。「なー吹くな」は、ただ、上の「吹くな」のなを受けたのだろう。

22　凧もらおう

一方、風のないことには、にっちもさっちもいかない遊びがあった。いうまでもなく、凧あげだ。これは男の遊びときまっていて、私などにはなかなかその勝手がわからないが、しかし、凧あげが、どれほど晴れやかで、心躍るものであったかは、人々の話の端々からもじゅうぶんうかがうことができる、彼らが凧作りにどれほど心身を打ち込んだかということも。

たとえば、凧には「ブンブ」といって、うなりをつける。その材料にしたって、おかしいくらい不思議なものを考えている。カボチャの茎の皮をはいで干して張るかと思うと、だれが考え出すものか竹の中の竹紙を張っておそろしくよく鳴るといい、杉皮の内の絽のような薄皮を使うかと思うと、シュロの葉柄の上部の平らな面の皮をはぐのもあり、海の子たちなら、鯨のひげに、フグの皮まで使う。フグは、皮をはいで、袋になったその中に松葉を入れて乾かし、螺線状に切るのだそうだ。それで、せっかくこんなに細工して、音出さない凧は、オッチ（おし）凧（山形）という。

きりきりまいして、まっさかさまに落ちる凧にも、彼らは余裕のある表現をする。いわく、「味噌すった」「水汲み行った」「かいも（サツマイモ）掘り行った」「章魚《たこ》捕り行った」。地に落ちてバウンドするのは「鼻つき」だそうだ。たとえ、味噌すりしても、鼻つきしてこわれかけたとしても、凧と同行して空の上までふくらみあがっている彼らのごきげんな心を地に落とす力とはなりえないようである。

彼らを不幸にさせるとならば、それは風のないことだけであろう。こうなると、子どもはなりふりかまわず、日ごろは敬遠している神やら恐ろしいものまで呼び出し、風呼びひとつに心をかけて叫ぶのだ。

風々　吹いてくれ
山ん婆《ば》さ　頼む
（栃尾市新山《あらやま》）

山ん婆よ　山婆
風をちっとくれんな
（対馬厳原町阿連）

風もらおう　風もらおう
かーぜは　一升五合
（壱岐、勝本町）

同島、芦辺町瀬戸でだと、「うしろの瀬戸ん山　風おくれ」と前をうたう。

風《かーぜ》の神さん　風おくれ
明日の晩に酒よぶに
（岐阜県久瀬村津汲）

鬼の島《すま》がーら
風ァどうーっと　吹いでこ
（岩手県軽米《かるまい》町沢田）

北では擬音を豊富に使い、風もたいてい、「どうどうと吹く」などという。でも、来るところが鬼の島だから、その風は、山ひとつ動かすような固まりで来そうな感じで、すこし心配になる。八戸市の妻《さい》ノ神《かみ》で中村浅次郎さん（明治二十七年生れ）たちは、そのあとに、「たるきァ巻いでも　壊《か》れねばいい」とうたった。西と南、また南と北でも、どっと双方からの風が立ち合えば、糸が切れて凧が飛んでしまう。そんなときはどんどん糸を伸ばすのだが、それでもぐるぐる巻いて逆さに落ちるそうだ。そのようになっても、「かれないば（こわれなければ）いいというのだろう」と中村さんが考えをいった。

愛宕《あたご》さん　権現さん
風おくれ

あーまったら　返しましょ　（兵庫県千種町岩野辺）

山《やーま》の神さん　風おくれ
あまったら　返《かや》すで
どんと　おくれ　（三重県宮川村、他）

「あまったら　返《かや》すで」がいいではないか。それだから小出しになどせずに、おもいっきりよく吹いてくれというのだろう。

天狗さん　風くれー
鰯の頭を　一つやる
一つがいやなら　二つやる　（愛媛県小田町）

「一つ」といってみたものの、いいながら、その効果のほどが不安になって、「二つ」といいかえている。松山市では、「鰯の頭を三つやる　三つがいやなら十あげる」という。

天の山から
風吹いて　来ーい
（滋賀県甲南《こうなん》町上馬杉《かみますぎ》）

近くに天王さんという山があり、そこからだろうと芝山きよ子さん（大正十四年生れ）は語ってくれた。私はこれを聞いたとき、天にある山からかと思った。

大風　大風　吹いて来い
大山《だいせん》やまから　吹いて来い
（隠岐、海士《あま》町東）

同島、都万目《つばめ》ではまた、「大山やまから　大風吹きゃれ」とも。隠岐では、もっぱら「大山《だいせん》やま」をいっている。この島から、向かいかたの島、鳥取の大山の峯が見えでもしたのだったろうか。

風々　吹けよ
天から　まんから
状が　来た
（高知県野市《のいち》町、他）

にーしの風　ぶんと吹け
東の風　ぶんと吹け
（種子島、現和《げんわ》）

西之表《にしのおもて》ではまた、「大風こ風　ぼんと吹けー」ともうたう。北の「どうーっ」とちがって、こちらでは「ぶん」とか「ぼん」と吹くのらしい。なにやら、容積の少ない、可愛らしい風のように感じられるが、これは凧あげだけの唄ではないみたいだ。西之表で徳永きくさん（明治二十八年生れ）たちは後者の唄を、焚火などで煙がこもったときにも風よびにうたったものだった。

概して南の島では、大風はともかく、ふだんの風は歓迎されることが多かったようだ。ことに夏など、海からの風が吹きつけてくれないことには、身がもたなかったようであるから。喜界島《きかいじま》の川嶺《かわみね》でこんな折、吹きかかった風にもっとはずみをつけてやるために、掛け声かけてやった。

やん　おし
やん　おし

「屋根越せ、屋根越せ」の意だそうだ。

23 お日ーさん照ってんか

暴れんぼうの風からみたら、太陽は「笑い」であった。太陽の光にあうと、心の掛け金が必要以上にかみ合っていたのがほどよくゆるんで、おだやかで、いい気持になり、体も笑い出してしまうのだった。もっとも、その太陽が、ひどくみじめになるときもあった。北国で見る冬の太陽などはそれであった。たまの雪の止み間に、牛乳羹のような厚い空気の向こうから、あれはまちがいなく太陽だろうかと目を凝らして確かめる間がいるほどのぼんやりした色がのぞめる。いくら吹いてもそばの炭に移り広がる力がなくなって、ひと吹きごとに小さく消えていく死にかけた燠《おき》のようで、溶け出してしまった光と色は、まわりの重ね着の衣を濡らし染めているのだった。ふだんは、ほかのなにかとくらべるなどという考えさえも及んだことのない太陽が、そのときだけは、自分とたいして変わらない、ちっぽけで力弱い、哀れなものに思えたものである。

だが、寒さに籠められて光を失った太陽もそれまで、春になれば太陽はグデン、グデンど空を弾みのぼりながら、呼吸ごとに光を放出し、子どもは全身にこれを浴びた。血の打つ音も、太陽の呼吸と合わせているようであった。大人はなにかというと頭を笠で覆ったけれど、私たち子どもは、真夏でも帽子をかぶることはあまりなかった。子ども用のそれなど用意されていなかったせいかもしれない。畑で働く親たちとちがって、どこにでも木があって陰に入れたし、山道だって一カーブごとに陽《ひ》と陰《かげ》と市松模様をなしていたし、もしまた、あんまり照りつけるようなら、そばの蕗の葉を一枚とって、へっこみのある表を下にしてかぶった。

なんにせよ、帽子ひとつさえ、風みたいに暴れまわる子どもの動きを束縛するものだと、彼らの体はいうのだろう。子どもは太陽を迷惑がることはなかったようである。それよりも太陽に用があって叫んだ内容は、「もっと陽《ひ》くれ」の頼みばかりだった。

お日ーさんお日ーさん
あっちばっかり　照ーらんと
こっちもちいーと　照ってんか
（京都府京北《けいほく》町下中《しもなか》）

お日ーさん　照ってんか
石垣《いしかけ》積んで　いわいます
（京都府日吉町片野）

陽をねだるのは、寒い日の日なたぼっこの折と、夏、水浴びの折とがある。真夏でも冷たい川水につかって、桑の実色した唇になり、陽に焼けた岩に腹這いになって、下からもぬくめ、背には陽を浴びる。こうしたときに、なさけなくも陽がかげってしまうと、彼らは腹這いになった格好のまま、空を仰いでお日さまにねじこむのだ。陽もらいの唄は、そのどちらの折にも通用するのだろうけれど、濡れた体を川辺の冷気にさらしている方がより切実なせいか、たいていは水浴びの折にうたった唄だと聞かされるものである。日吉町の「石垣《いしかけ》積んで」は意味がわからない。石を積みあげることが太陽を力づける種とでもなったのであろうか。これは、大正二年生れの黒田カズエさんだが、明治三十八年生れの山田さきえさんは、「石積んで拝みます」とうたう。河原で、水浴びて寒くなったときにうたうのだという。

日のーと　日のーと
あっちのひは　照らんばってん
こっちのひは　照れよ
（五島、上五島町青方《あおかた》）

やっぱり、川で泳いたあと、岩に腹這いになってあぶりながら、かげってくるとうたう。明治二十七年生れの川端りんさんだ。

今日の　日さまは
根性悪か　日さま
あっちばっかり　照って
こっちが　照らでにゃ
あじきなかぞー
（牛深《うしぶか》市内之原）

これは昭和五十年に会ったときに九十四歳だった丸尾およしさん。同じ内之原でも、また近くの吉田や深海《ふかみ》で、明治四十年とか四十三年生れの人たちは、あとの二小節ばかりで、終わりを「愛想《あいす》んにか日さま」とか、「こんじょわるか日さんじゃ」などとうたう。

日ーさま　日ーさま
こっち　おいで
向かいの山に　猿が三匹おって
取って　食って　まう
（岐阜県上宝《かみたから》村見座《みざ》）

最後の「まう」は、「しまう」のしがこぼれたものであろう。「日さま」は、高い山を通るとき、山の上のいちばん高い木の、そのてっぺんに登って手をのばしている猿に、捕まらないように用心しなければならないのらしい。上宝村は、槍ケ岳や穂高を東にのぞみ、その手前の焼岳から流れる高原川のほとりの村だ。川の水だっていかにも冷たそうだ。

24　雨どーい

水遊びの夏はまた、雨の時節でもあった。夏の雨は気まぐれで、かんかん照りなのに、どこからともなく、体の上に落ちて自分の身を潰す生き物のような大粒の雨を降らせたり、雲と雨あしとでにわかに夕方の刻限を現出し、人々を走らせたかと思うと、またきげんよくほかの地へと場所を移す。照ったり降ったり、狐の嫁入りだ。

だが、夏の雨は陰気ではないけれど、その量は馬鹿にならない。すこしの雨中《なか》なら、子どもはかまわず遊びつづけもしたけれど、これはかなわない。ことに南の島では、島々のあいだをひと走りにめぐりぬける雨の勢いはひとしおであったらしい。このような雨が来ると、子どもは高品の倉の下などにいっせいに逃げこむのだった。那覇市泊《とまり》の子らは、そんなとき、馳けながら叫んだ。

雨《あーみ》ー　どーい
もーさ　ちゃーちゃ

「もーさ」は「まうし」という人の名前、「ちゃーちゃ」は爺さんのことだという。「雨だよー、もーさ爺さん」というところ。この「ちゃーちゃ」が特定の人だったかどうかは知らないけれど、なんにしても、すこしふざけたもの言いで自分をいささかなぐさめ、景気をつけているのだろう。
雨に籠められた子たちは、降り止まぬ雨に向かって、さまざまなことばで語りかける。その言いごとが島にはたくさんだ。

雨《あみ》まー　降《ふ》いとんな
太陽《てだ》まー　照《ち》りとうれ　（西表島《いりおもて》、祖納《そない》）

「雨よー降ってくれるな、太陽よー照ってくれ」というところ。

雨《あむ》や　降んな降んな

太陽《てだ》や　照れ照れ
*山なんてぃ　猿っ子《ぐゎ》の　　*山では
泣ちゅうる　泣ちゅうる　　（奄美大島、古志《こし》）

泣ちゅうる（泣いてる）のは、猿ではなくて、だれかさんたちの方なのだろう。愛媛県内海村家串では、

雨さん　雨さん　降んなんなきしの子が泣くぜ

とうたう。

雨《あむ》　ごうごう
雪　ごうごう
汝子《うらぐゎ》ーの　流れて行きゅすが
*ちゅん晴れれ　ちゅん晴れれ　　*すぐに　（奄美大島、生勝《いけがち》）

明治二十七年生れのちゅまばっけ（しま婆さん）たちが、子どものころうたった。あまりの雨の勢いに地の表にも流れが走り、小川は大川となり、そしてその川に雨の子が流されていくという。島では、川の先はすぐに海だ。海に流れ出しでもしたら、それこそ大変であろう。子どもはこんなトリックをよく考える。「おまえの子がおぼれたのを、私が拾いあげてやったから早く晴れてください」とも奄美ではうたう。子を助けられて、義理がたくしないでおれる親などいないものだ。

雨《あみ》　雨《あみ》　ぽっぽ
汝子《ならふぁ》や　痩《やし》や痩《やし》ややてりよ
唐《とう》大和ない　草刈りかましってぃ
来《く》ーよ　雨ぽっぽ
（竹富島）
（雨々ぽっぽ、おまえの子は痩せて痩せているよ。唐か大和行って草刈り食べさせてきなさいよ、雨ぽっぽ）

これは、大正元年生れの勢頭《せど》ハルさんがうたってくれた。ひどい痩せようだと指摘されて、雨は心底、子の身が心配になり、さっそく忠告に従おうとするのだろう。

雨　ごう　ごう

雪　ごう　ごう
雪や　晴れたすが
雨も　晴れたぼれ
ごう　ごう
（奄美大島、宇検村《うけんそん》平田）

「雪は晴れだから、雨も晴れてくれ」といっているが、島に雪など降らないのである。けれども、雨はそこまで気をまわさない。人よりおくれをとったかと、取るものも取りあえずひきあげる。

雨《あみ》　晴りみそーり
はんじゃやーじ
馬《ま》ー取って来るまで
晴れみそーり
（沖縄、今帰仁村仲尾次《なきじんそんなかおし》）

「はんじゃや」は、地名かどうか聞きもらしたが、なんでも、「はんじゃやに行って馬を連れてくる、それまでのあいだ降らないでくれ」というのだ。この、雨の情に訴えるのもよく使う手だ。同じ村、親泊《おやどまり》では、

べんべんべん
晴《ば》りりんぞうりよー
しなの山ーじ
＊馬《まー》の仔《くわ》くんち来るまーる
晴《ば》りりんそうりよー
べんべんべん

＊馬の仔つないで来るまで

とうたい、また奄美大島の屋純《やどん》でなら、

雨ごうごう
晴《は》れれ　晴れれ
我屋《わきやや》ん米《こむ》ほして豆《まむ》ほして　＊あるばん
雨晴れれ　晴れれ

＊あるから

にわか雨のときの干し物入れの騒ぎなど、どこでも同じであろうけれど、とりわけ、百姓では大変なことであった。以前は収穫物の乾燥は、みなみなお天道さまの陽をたよってであったから、そのためにどの家でも広く取っている庭に、いっぱいにむしろを敷きならべて広げ、それでも足りないぶんは通路にまでせり出した。雲行きあやしくなると、それで親は落ち着かない。それなら早手まわしに入れてしまったらいいと思うのだが、すこしでも長い時間、陽に当てておきたいのだし、ひょっとしたら雨は落ちずにすむかもしれないしで、いよいよとなってからばかり飛びまわる。

そして、遊んでいる子にも召集がかかる。けれど、背中にポツリと雨が落ちでもしたら最後、親は子どもなど突きとばすようにして、にわかに体が大きくなって、ふだんは一枚ずつかかえる実を包んだむしろも、二枚でも三枚でも重ねて持ちあげ、いっとき鬼のようになって庭をめぐるのだった。あんなおおわらわな振舞いを目の前にしたら、どんな心ない雨だとしても、足踏みするか、空向いて知らん顔に息ひとつつくぐらいの猶予はあたえるのだろうと思う。

雨やめ　こやめ
山の人《ふと》が　蓑笠持《も》らんね
水瓶《はんにゅ》の元《もれ》え
*ぐんばいせ　ぐんばいせ

＊いっぱいにせい　（上甑島、瀬上《せがみ》）

親たちが働きに行っているあいだに、遊んでいて雨が降ると、軒下になどこれを避けながらうたうのだと、柳すみさん（明治四十一年生れ）が語ってくれた。「山の人」とは、その親たちのことであろうか。

雨々　降んなーや
とーんこつ山《やーま》が　やーくって
赤土《あかつつ》にんごう　とっぱーす
（上甑島、江石）

このうたの意味は、まるっきり理解できない。土地の人に尋ねたにちがいないのだけれど、もうすこし念を入れて問えば、いくらかは知れたのだろう。

あーめこんこん　降ーるなよ
屋ー根の虫《むーし》が　泣ーくぞな
（三重県宮川村茂原《もばら》）

南の盛んな雨とちがって、これはずいぶんおだやかだ。半日も降ってやっと屋根の虫にこたえさせる、しとしと降りのさまが思われる。大西あさえさん（明治四十四年生れ）のお母さんが、子を守《も》りながらうたっていたという。

25　虹々

雨で騒がせられたあとは、虹が現われるかもしれない。あれは、雨に打たれて、土も草も、空気も、まだもの言い出さずにいるころ、忍びよってわっと驚かす友だちのように、振り返るとそこにもう身を広げているのだった。自分たちの遊ぶ領域は、地面の上を覆う帯ばかりの幅なのに、あれが天に楽しい色で線を引くと、がぜん、領分がそこまで伸びた。

虹《のぎ》　虹《のぎ》
出れ　出れ
虹《のぎ》　虹《のぎ》
（奄美大島、生勝《いけがち》）

前にも出た、ちゅまばっけがうたった。

南の島には虹への言いごとも多くある。けれども、こちらの子の虹に対する反応は、私どものそれとはすこし異なるようである。虹に、「出れ出れ」と歓迎の意を表しているのはこの唄ぐらいで、あとのものはだいぶんようすが変だ。

虹《のーじ》　虹《のーじ》
鎌《いら》らんぽーん　刀んぽーん
ひっ切《ち》りり　けっ切《ち》りり
（沖縄、勝連村平敷屋《かつれんそんへしきや》）

鎌やら刀やら持ち出したうえ、「ひっ切れろ」とか、「掻《か》っ切れろ」といっている。どうしたって友好的なもの言いではない。こうしたたぐいの唄は、ほかにもまだ多くあるのだ。

虹《のーじん》　虹《のーじん》
彼方《あーま》んとじ　刀《はたな》さーち
手ー　切りり
＊向こうへ行って
（沖永良部島《おきのえらぶ》、出花《でぎ》）

同じ島の知名《ちな》では、「刀さち　斧《ゆうき》さち　溜池《たみき》ぬ上《うい》じ　切りり切りり」ともうたう。「刀さち」などの「さち」は「差し」のようでもあるけれど、「先」であるのかもしれない。

でも、この不思議は、島の人たちとの話の中に入るなら、わけは容易に知れる。こちらでは虹が出ると雨が降るのだという。沖永良部《おきのえらぶ》では、「虹《のーぎ》のさしゅむと雨降ゆむ（虹がさすと雨が降る）」と、ことわざのようにしてもいわれる。これでは子どもが虹を迷惑がるのは当然である。

また、その虹の姿も、よほど私どもの思うのとはちがうらしい。山から谷に大きく弧を描いてなどというのではなくて、たいてい半分に切れたような短さで、それも山の上などにちょっとかかるだけだという。山とてあまりない島で、一方が海では、体を張りわたす足場もないというのであろうか。刃物を持ち出すのでなく、食べ物をあげて、それを食べて早く消えろと、いささか慰撫するの心をもってうたわれるたぐいもある。

虹《のんぎり》　虹《のんぎり》
甘百合《あまゆり》　食《か》で
苦百合《にぎやゆり》　食《か》で
切ぃり　切ぃり

（奄美大島、部連《ぶれん》）

「甘百合」は赤い花の咲く百合で、その根の玉は甘く、「苦百合」は白い大きな花で、玉は苦い。この言いごとを聞かせてくれた部連のウナカさんも、このあたりの「虹《のんぎり》」は短く、「内地のみたいにきれいでない」といった。

虹《のーぎ》　虹《のーぎ》
ひぢゃ*　渡《わた》て
苦菜《にぎやな》　食《か》で
くっ切るる
*浜へ行って
（奄美大島、根瀬部《ねせぶ》）

明治二十三年生れの境《さかい》アイマツさん。「苦菜《にぎやな》」は、おもに海端に生えている、折ると乳のような汁の出るおそろしく苦い草だ。前の唄に「苦百合《にぎやゆり》」というのもあったけれど、食べ物で釣るにしても、その食べ物にまじないをほどこして相手を追いはらうような、自分たちの拒絶する本心を、ことばの中にこめずにはいられないものなのらしい。

ここでも、「虹《のーぎ》の出《いじ》ゅれば雨降る」といい、夏など「虹《のーぎ》」が出たらすぐに雨だから、出かける人などには「早く行け」という。

虹《のーじ》　虹《のーじ》
海《うん》の　青草食《か》で

手ー切りれ　脛《すね》切りれ　（徳之島、西阿木名《にしあぎな》）

徳之島でも「虹《のーじ》のさすと天気破《やぶ》れか、地震《ない》か」という。またここでは、まるくではなく、半分にさす虹を「テッキリノージ」という。子どもが盛んに「手ー切れれ」など叫んでいたのは、このように身を切って消えてしまうことをいったのだろう。

南の島で虹は、ずいぶん愛想のない待遇にあうものである。どうした気象の相違かしらないけれど、私どもが、太陽ののぼる心持ちで虹に向かったのに、向こうの子は反対に陽が沈む、落ちこむ気持で対したのだった。でも、南の島の虹は、私どもの地で見る構築されたような「橋」に対して、生きているもののように見えないか。体の一方は空に泳がせ、片っ方の頭は地に突っ込んで、溜池の水を飲んだり、百合根をむさぼったり、また浜に身を走らせて「苦菜《にぎやな》」をかんだりする。そういえば、八重山宮古島の長北《ながきた》とか新城《あらぐすく》の部落では、虹をテンバウ（天の蛇）と呼んでいた。ずいぶん大胆な比喩をするものだ。姿からいえばそれは縞蛇だろうけれど、同じ島の狩俣《かりまた》でなら、青大将と一つ名前、「オーナズ」と呼ぶ。

縞蛇は、あのきれいな縞目をじっくり見ようと目をこらしたら、目がまわるような早さで姿をかくす。それにくらべて青大将は、病気ではない、さりとて健康体でもないというふうで、重たくずり動く。子どもに、やいのやいのといわれてやっと立ち去る、その動きの鈍いところを青大将に見たのであろうか。なにはあれ、彼はやっぱり生き物で、そしてなにか欲しいものがあると、ああやって太い横腹を空に見せるのらしい。加計呂麻《かけろま》島の子も、それでこんなにうたう。

虹《ぬーじ》　虹《ぬーじ》
何《ぬ》ーしんがーが　出《いじ》たんがー
雨水《あまみず》欲《ふ》しゃてぃど　出《いじ》たんな
（虹々、なにをするとて出たんかね、雨水欲しくて出たんだね）

26　煙はそっちゃいけ

今のように子どもが火を見ることも少なくなった。キャンプに行けばキャンプファイヤーが見れるぐらい、ゴミ焼きにも、イモ焼く火にも会うことが出来なくなった。

前はもちろん火といえばガスがなかったので焚火だった。

夕方、決まったように母親は少し離れた木小屋から柴やらたきつけの杉葉やらをひっつかんだり、肩にして来る。その時が冬明けでもあったなら、下敷きになった柴が押しのされて平たくなったり、身をよじったり、両手を挙げたり人のさまなって出て来るのが面白かった。今考えてみると、こうしたものはみな細い木でしばっている。その生木が人の姿そのままを現出していたのを助けたのかも知れない。さて、それをほどいて火になすが、大きい家では煙も眼に入らない。

いちばん眼につくのは小さい口から焚いてやる風呂であった。どういう訳か風呂焚きは子どもの役とされ、私なども泣きのなみだでかくとうを尽したものである。

けぶりはそっちゃいげ
火のこは　こっちゃこ
（岩手県田野畑村島ノ越）

これはモンさんで、明治十八年生れである。この系統は全国的にあり、四国でも九州でも似たようにうたう。

普代村白井や黒崎では「煙はカマヤさ行げ」とうたうが、浜の塩焼く小屋をカマヤといった。どの浜にもあったという。こういう浜の塩焼かまでは、なおさらに煙がこもりもしたろう。

それでだろうか、新潟県安塚町松野で石野きくさん（明治三十二年生れ）は、「けぶけぶ、浜行って、塩かってこう塩かってこう」とうたった。手で煙を払いながらいうのだという。

けぶけぶあま行け
あまのばば
餅をついてくれる
（愛知県東栄町川角）

わーねっちゃ　来なよ
猫《みゃ》のねっちゃ　いけよ
（奄美大島宇検村生勝）

*こまゃやなげんど
*あまや　きょらどーぐゎ
*あがんはれ　あがんはれ
＊ここは汚いぞ
＊あそこはきれいだぞ
＊あちらに行け行け　（徳之島手々）

27　どっちにしょ

子どもの頃の困りもの、それは例えば目の前に二つの菓子などがあって、その選択を迫られる時である。子どもは両方のいいところばかりが目について、いっかな判断が出来なくなる。こっちがいいか、いやあっちもよさそうだ。そんな時にこの占いをやって決めるのであり、自分でも満足いくし、他人がやってくれたのでも不思議に説得力がある。最後の語に当ったものを取るのである。

どっつがよがんべがな
神さまの　いうとおり
すっけらぽんの　ぽん

これは私などのやったもので、一語ごとに右と左とに当てて行く。

恵比寿《っ》さま　どりょとる
おりゃこりょお
とり申うす
（秩父市浦山）

じじ　ばば　どっちにしょ
ようても　わるても

こっちに　しょ
いじくじ　どっちゃにしょ
太鼓打って　こっちゃにしょ
（三重県四日市水沢）
（三重県白山町二股）

28　にごり澄め澄め

村を流れる川は、かつてはみんな飲み水だった。とはいっても山から流れ出るとか、川上に家がないとか、地中から湧き出すとか、自分たちより小さい魚が泳いでいるとか、子どもたちは水飲み場も持っていた。そうしたところは下はたいてい砂であるから、飲むに都合のいいように穴をうがってもさらさら流れる川は直に濁りから澄んだ水にかえるのだが、子どもたちはせっかちに唄に合わせて手まで動かしたりしながら水の動きを手伝うのだ。

澄め澄めがいろ　澄めがいろ

油屋のちよが
水汲み来たで　早よすめよ
（岐阜県坂内村広瀬）

水神《しゅい》さま上上《かみかみ》
にごり水　下《しも》へ下《しも》へ

岡山県勝田町梶並でうかがったのだけれど、学校帰りに山の水を飲む時などにするのだそうで、水の中で上の時は手を上に、下の時は下に動かしながら右をうたうのだという。葉を使って飲み具を作る時は三角につまんで作るのだと。

これを聞いて私も思い出したことがある。町に出る二里ほどの山道に水飲み場がたった一つあった。その途中に相沢という部落もあったから、そこの子どもたちも日々そうしていたのだろうが、杉や雑木を抜けるところに膝の高さの段差があり、水の量の多い時と、少なくてしずくになるほどの時もあった。私たちはこれが近くなると、蕗の葉をとって準備をし何杯も飲んだものである。ある時からそこに程よい柱が立ち、すてるに惜しい蕗の柄杓がかかっていたのも思い出す。あの時の水はきらきら光って夏も冷たい水だった。

にごり　たんごり
こうやのばばさん
水かえて　ごっさい
（鳥取県溝口町福島）

細田信秋さん（明治四十年生れ）が話してくれて、魚捕りで石垣の穴の前せいていて中の魚を捕る。水が減っても垣の中にはいるもので、水がにごるのでいうのだと。

にごり水すめよ
酒一升こうてやる
（山口県鹿野町樋山）

すーすごーれ　すーごーれ
お寺の坊主が水汲みに来たぞ
（愛媛県広見町清水）

清水で大野タケノさんに聞くに、水を飲む時などに流れのところに穴を掘って、その水を澄ます時にうたうのだという。

すめ　すめ　すめよ
油一升　くりゅうで　（佐賀県嬉野町東吉田）

すめすめ　すん川
澄まじゃろ　べ川《がわ》　（牛深市吉田）

べ川のべは大便のこと。澄まじゃろは「澄まなかったら」だ。「行かじゃろおれ（家に）」などいう。同じ牛深市の深海では第二節を「澄んだら川んはたに　家作ってやるよ」とうたう。魚捕りで川の石を動かしたりして水がにごった時にうたう。

すめ　すめ　小川《こがわ》
こんまに　水のましょ　（種子島小牧）

小馬は自分たちと一緒で、こらえ性がないのだろう。

29　指きりげんまん

遊んでる間には約定を守らせる用も出て来るだろう。

指切りげんまん
嘘ついたら　針千本のーます
高下駄はいて　からかさかぶって
針のめどくーぐれ

（茨城県山方町西野内）

よくも出来ないものを並べたてたものであるけれど、この指切りには、小指と小指をからめるのから、人差指と親指を輪にしてからめるのやら方法がある。例えば岡山の八束村下長田では、親指と人差指で輪を作り、互いに前に出してどちらからも息を吹く。「約束たがえまじ」「そんならフーフーしよう」などといって。

兵庫県氷上町賀茂では「ほんとにいわないな、そんならキップブーしとけ」などいって、自分の親指と人差指で輪を作り、相手に息を吹かせる。

ずっと前、私の旅をはじめた最初の年に青森の蟹田町で指切りをカゲッコというのを聞いた。その後オオバコの茎ですもうとる話になり、語り手は「マロッパのたつ、かげっこにして」と同じことばをいった。まろっぱでもすみれの花でも鉤型のところを引っかけるところをいうのだ。指切りのカゲッコはこれをいうのらしい。指を鉤型にして引っかけっこをするところをいうのだ。

この指切りをカケというのは全国的で、ことに南の方になどは多く、九州の甑島手打でなどは「かけふーい」といい「かけば守らねばどしばなれなすぞ」など怖いことをいう。種子島屋久島でも「かけしよう」といい、喜界島の伊実久でも「かけくら」、奄美大島でも「カケするで」だし、沖縄・石垣では「カーキ」である。

さて、どんな文句をいっているか。

指切りげんまん
嘘ついたら
金のかんざし　百十本
（滋賀県甲賀町鳥居野）

指切りしましょ
嘘ゆたもんは
地ごくの釜へまっさかしに落ちる
鬼が三匹　蛇《じゃ》五匹
（広島県能美町高田）

指切り　かねきり
嘘いうたら
二十の指　みなくさる
（淡路島富島）

指切り　かんこ
嘘いうたら
銀の家　百たてよ
（高知県池川町）

はらひった人は
小刀《こがつな》一本　ひんのっご
（鹿児島県有明町下宇部）

チンチンガケ　コガケ
嘘いうた時にゃ
地獄へ　はまれ

（種子島西之表、現和、庄司浦）

種子島では、指切りをカケという他にチンチンガケともいう人がいるのである。この唄の文句をとっているのだろう。誰にも言うなとか堅い約束の時には、指がけした後に親指と人差指とで輪を作り、互いに相手の輪の中に「ホー」といって息を吹き込むという。

30　泣きみそ三匁め

泣きみそ　三匁め
もう一つ泣いたら
四匁め

（高知県野市町中ノ村）

これを聞かせてくれた人は、中ノ村の明治三十六年生れの広瀬鶴衛さん。一生懸命に我慢していた子も、後半の「も一つ泣いたら」まで来ると必ず泣き出したという。人の泣く声など決してこころよいものではないが、泣虫はいるし、相手もしつっこくはなり、一声はり上げないことには、その場がもたないことにもなるのである。吾川郡の伊野町や池川町では、後半を「よう泣いて五匁」とうたう。

泣きみそ　ひみそ
網にかけて　焼いてやれ
（愛媛県小田町日野川）

たまたま味噌とあったから、網の上で焼かれてしまうらしい。

今泣いた　だーれ
山猫にゃーご
尻っぽ切って　泣かしょ
（静岡県御前崎町御前崎）

泣いたり　笑ったり
医者どんの　かかさん
（新潟県安塚町松崎）

泣いたと思った子が、また涙も乾かない顔して遊びに参加する、それをすかさず囃し立てるのである。松崎の唄は石野きくさん（明治三十二年生れ）が話してくれて、人が亡くなったといっては泣き、よくなったといったのには笑うが医者どんのかかさんだという。

泣いて　笑って
おたやの太鼓　太鼓
（直江津市五貫野）

これも人の死んだ折、おたやは逮夜《たいや》であるらしい。このへんではお逮夜に箕の中に太鼓を入れて打つのである。

今泣《ない》た　子僧《こず》が
ににんと　笑ろた
（鹿児島県川内市平佐）

祁答院町黒木でだと「今泣た子どんが」とうたう。
「今泣ても笑ろたり」「泣《ない》てん笑《わろ》てん」する子にうたうのだと。

泣《な》きゅんちゅや　泣かす
笑《わろ》うんちゅや　笑《わろ》うす
正月《しょがち》のまさもんな
わん一人かもう
わん一人かもう
（奄美大島宇検村湯湾）

泣《な》ーちゃるみーや
たーいがや
垣《かち》のみーの　ちょっちょいグヮ
（那覇市泊）

ちょっちょいグヮは、うぐいすの幼鳥であるらしい。

片目《み》や泣《な》ーて
片目や笑《ば》ーらい
すがのたで　プイプイ
（与那国島祖納）

31　荷ーしょった

遊びの種がなくなったら、というより、ちょうどその頃にごみやらごもくやらが眼につくのであるが、何でも遊びの種にしたがっている、金平糖のように角をつき出している彼らはすかさずそのゴミを相手の肩にのせたり、頭にのせたりして一転がりのたわむれをなす。

誰か頭さ　どんどけっこ上った
早くとらねど　坊主になっぞ
（宮城県釜石市）

荷ーしょった　荷ーしょった
今夜の嫁さま　荷ーしょった
（茨城県鉾田町借宿）

誰かさんの頭に　ちゃんちゃりんこ　のせて

一年たってもまだ　落ちね
二年たってもまだ　落ちね
相手が頭を振ったりして落すと、
三年たって　やっと落ちた
（千葉県市原市金剛地）

こんな風に相手は振り払おうとするから、その様を見るのも遊びの一方法なのだ。

誰その頭に　チョンかけて
いんでお母さんに　取って貰え
（奈良県十津川村）

誰かさんの頭に　石のせて
この日の長いのに　御苦労さん
（兵庫県青垣町佐治）

誰かさんの頭に　かみ蝶々

とって上げたい　背が届かん
（兵庫県千種町岩野辺）

肩にりん持ち
誰ぞいな
（徳島県神山町広野）

これは明治二十九年生れの張きくのさん。りん持ちとは炭などをかたぎ出す駄賃とりのこと、「昔は炭などを垣《かた》いで持って来よった、今はりん持ちする人など一人もおらん」と。

先もいうように、騒いで落すところに面白味はあるのであり、高知県安田町などでは「誰かさんの頭にチョンチョがとまっとる」というのに、相手が落そうとして手をやると、

頭つつきの　こうべりさん

という。こうべりとはおしゃれなこと、「あの人はこうべりだ」などいうもので、人をてがう「なぶる」のにいうのだという。

また野村町荒瀬では「誰かさんの頭になんぞとまってる」といわれて頭をなでると、とたんに、

「なでぼうず」

とかえる。

誰れだぢゃろが頭にゃ
エンボが　とまっとる
忙しゅなかれば　とってもやるばってん
忙しか　忙しか

（五島上五島町青方）

誰《た》っがろが　頭《かまち》に
標《しめ》の　かーて

（奄美大島宇検村生勝）

第四集

32　あっからから三合びんの来ゆーり

奄美諸島、沖縄地方のうたはそれぞれのところで述べて来た。まだまだたくさんあるのだろうけれど、私のところに集まったのだけでも紹介してみようと思う。

奄美大島の西海岸、大和村名音は兄弟同士の家で二晩とめてくれたところであり、一緒に奄美嶽に登った連中であり（拙著『南島紀行』）、ことの他懐かしい。その一軒の女主のミエさんが笑って次の唄をうたってくれた。

あっから　から
三合びんの　来《き》ゆーり
我《わん》もれが　わんもれが
我《わ》がかくれとらば
おらんちいいよ　同志《どし》んきゃ

昔の嫁取りは親が三合びんに入れた酒と、重箱より浅い「すずりふた」に料理を入れたのを持ってもらいに来た。それをかくれているからとどしんきゃ（友達）にいっている。まだ遊ぶ年頃なのだ。

ミエさんのいうところ、結婚などはまだまだ簡便だった。例えばミエさんの母親は、水汲みに出たその屋の人と一緒に行けといわれて家に入った。それだけ。また別の人は山でたき木を拾っていて、働きに出たなりのようにして家に入った。ミエさんは夜来たのでトンガラ（同輩）が傘さしかけるのもなかった。家に入ってサンゴン（三々九度）しただけ。いとこ同士だったのだといった。

この唄は次の部落今里の明治二十七年生れの丸山よしさんもほとんど同じで、はじめの句だけ「あっからきゅる三合びんのクヮ、わんもれがの三合びんのクヮ」とうたった。

ななくらの　にいひいや
かでどふならする
やーれかでどふならする
角曲《ちのまが》ら　牛《うす》や
死《す》ねば　焼しゃかむり*
やーれ　死ーねば焼しゃかむり

*焼いて食う

（名瀬市根瀬部）

輪になったところに、石コ《クワ》を次々に隣の人に渡す。「ゲームではない、ユングト一言いごと」だと、アイマツさん（明治二十三年生れ）に聞いているが、はてどう違うのであろう。

てぃんがま　しゅうて
手ー切りてぃ
はなぐり　しゅうて
はな切りてぃ

（沖永良部島西原出花）

てぃんがまは手遊び。どんなことして遊んだかの問にどんな「てぃんがましゅうなむよ」などいう。はい、い、はなぐりは冗談半分にやることらしい。

唐ーや　とーんむ
大和ー山芋《んむ》
さらば　うちなー
さんだーす

（沖縄県勝連村比嘉）

さんだーすはさつま芋の一種で、中が黄色いものだという。ここのは遊び方もあって、二人で片足をからめてまわり、右脚を相手の右脚に外からからめるという。

唐やひらぐん
大和ーかんぷう
さよう　沖縄《うちなぁ》　かてィかしら

（沖縄石川市東恩納）

男は十五歳になると髷を結い、かんざしを後ろからと前から通した。それを「片頭《かてィ》」とはいうらしい。東恩納では区長さんの家に世話になり、東良マツさん（明治二十一年生れ）はその母堂である。いやマツさんを訪ねて、区長さんに希ったのだったか忘れたが、マツさんは耳が遠いが大柄な人で、記憶がしっかりしており、いろんな遊び唄を教わった。次の二つもその中のもの。

ちんちんぼんぼん　かまでィグヮ*
*いったあんまや　まーかいが
隣のやーかい火ーといが

*人の名
*お前の母さんはどこへ行ったか

*火ーやとてっちのうすかよ
焼《やち》豆腐グヮ　けー買うてィ
*まるちゃにうちけて　*ぐすめかし
鍋グヮに*たっくり　ちゃらめかし
*クチャに隠《か》っくて　噛《かむ》たんどゥ
汝《や》ーねん噛ますさ　語いなよ
べーるわんねえ　語ゆるもん

*火を取って来て何をするかよ
*俎板　*ぐすぐす切り
*入れてチァアチァアいわせ
*炊事ヤにかくれて

「語いなよ」は「語るなよ」、「べーる」は「いいや、私は語るよ」

もう一つ、

天から落《うてィ》たる　糸満《いちイまん》グヮ
いくたりちりとーて　うてたかや
三人《みっちゃい》　ちりとーて　落てたんど
落てたるところが　*まーやたが

*どこかいね

南面城《なんめんぐしく》の下《しちや》てんどう　　　＊下だそうだよ

これらは、他の唄ともども口ずさみの唄のようにうたっているものらしい。

いったーとうとうめいグヮと
わったーとうとうめいグヮと
一門がやーたら
あんし　似ちょる
あんグヮーそうて　こっこい
（沖縄県具志頭村港川）

北から南に伸びた島を大雑把に三部に分けると具志頭村は南寄りである。北にもう三分の二行ったところの本部町渡久地でもほとんど同じに聞いているから、沖縄に広い唄かも知れない。渡久地では「一門がやーたら」のところ「一ーのもんがやたら」とうたうだけである。

一《いっ》かん　とうとうめい
盗人《ぬする》にけーとらって

七月《ひちがち》　正月《しょうがち》　噛みはんち　（具志川市天願）

一かんは二銭、二枚ずつ、一かん、二かん、三がんと数えるのだという。「いっかん位はいを盗まれて、盆、正月の飯を食べそこなった」といっている。

北に行った西海岸の喜如嘉でも、私は八十六歳のおばあさん、山城マリさんのところに宿をもらったのだった。このおばあさんもよく覚えていてうたってくれた。

かまどぅグァが　ちょーせ
物《むの》いってィくいれ
椀《まかい》や　ねーらん
隣《とうないん》　じ　かってィくーば
雨降《あみっ》ってィいからん
傘《かさ》かんでィいけー
まじむんぬ　立っちゅん
棒ー持《む》っち　追《う》ーれー
うーじてィ　ならんさ

兄《ちょ》ー弟《でぃ》ーびのちゃんて
くゎーするもの　ねぇーらーぬよ
あねるそてちふァんびィん
くゎーちゃらせ

「そてちふァんびィん」とはソテツの実を搗いて粉にしたものを水で溶き、塩味で鍋底いっぱいに厚く焼いたもので、おいしいという。

後の二つはいちばん北の国頭村の東海岸、安田の唄、

誰《たん》がにんとーせ　　誰がねてるのか
　わった爺《たんめ》　　私の爺さん
ぬんち　にんとうが　　何でねてるのか
　くさやり　　ヒラリヤ〔片脚大きくなる〕
強《つーく》　あたとーみ　　強くあたったのか
　死にがた　　死にそうだ

まんじ　うすいがや　　　　　　何処に埋けるのか
鍛治屋《かんざや》ぬ　尻《ちび》　　　　　　　（沖縄国頭村安田）

これは会話形式の唄である。

とっくいぐゎーよ　とっくいぐゎー
まーからいじたる　とっくいぐゎー
壺屋《ちぶや》の釜から　出《んじ》たーる
かりゆし　とっくいぐゎー　スリ　　　（沖縄国頭村安田）

「かりゆし」は嘉例よし。

33　そら見のニンニク

ずっと前になる。さいたま市に住む瀬田貞二先生の通信に「都会の子はアクタイ、モクタイ、口から先に生れたように、この種のせりふは無尽蔵でしたから、それは間髪を入れずにいわれ、一つの技術でありました」とある。この時も学校帰りに坊さんに会うまでといって、皆の荷物をかろい、ほどなくして出合い重荷持が解消し、東京には坊さんがそれほどいたんだの話になり、それからそれへと話が進んでの家に帰ってからの便りだった。

なにしろ、いただきますの後にも、ごちそう様の後にも、

いただきます　ます
ますのしっぽ

ごちそうさま　さま

　さんまのしっぽ

と文句がつく。
空を見上げてる子には、

　上見りゃあ　植木屋

とはやし、それで急いで下を見れば、

　下見りゃあ　仕立屋

と返すと瀬田さんはいう。
四国にもこういうことがあった。

　空見のニンニク

（高知県野市町中ノ村、香我美町）

「ぼっこりして空見よりますろ」そうしたらはやすのだという。そらみとはニンニクの茎の上につく根の玉を小さくしたような実のこと、ユリや山芋のムカゴのように、これを植えてもニンニクが出来る。「ソラミも食べられますけに」という。

こんなふうに、体が覚えているようなのはまだまだあげられる。

見たらみみずく
飛んだら鳶口
はねたら　はね虫
（東京都南品川）

内証の物を見た時などに囃すのである。栃木県岩舟町静和では「飛んだら鳶はねたら兎」とうたう。

俺に用なし
ねん棒に　股なし
（長野県長谷村非持山）

ねん棒はめん棒のこと、こんなことをいって威張っている。

かと思うと、

あまいかんべい
しわかんべい
ベロの出すのも
惜しかんべい
（仙台市）

こうしゃ　こっぺいこけ
他人のくせに
ゆっていいこたァ　親がいう
（山梨県小菅村）

うそこき　へこき
てんまのやじろ
早よ来て　ばかせ
（愛知県額田町桜井寺）

物ァいううちに聞け
人ァ通るうちに見ろ
（山梨県早川町黒桂）

とぽんぽんといわれる。
もう少し並べて見よう。
何か相手がいうのを小耳にはさんで、

いいこと聞いた　みい聞いた
みーきの山へ火がついて
吹いても吹いても　消えなんだ
（長野県天竜村坂部）

また、おはじき遊びなどでじょうほした時、

根っきり　葉っきり
これっきり
（東京南品川）

おこりんぼうには、

おこりゃ芋虫
おこらにゃ　毛虫
おこる芋虫　つれがない　（愛知県額田町石原、御前崎町新谷）

御前崎町御前崎のさくさん（大正八年生れ）は、「おこる誰かさんにゃ」とうたった。
物を拾った子には、

ひーらい　こーじき
はーやった　（徳島県宍喰町）

ひじむいるなよー
うとーと　（沖縄国頭村安田）

落ちているものを拾って食べると髭が生えると、ふだんから聞いているのでこんなことをいうのだ。

私の生れ村では、

いやーす　ごんべ
柿の皮　まーぐらえ

だった。必ずしも道の拾い物でなくとも、成り木の実を食べたり、おやつを食べているのを見ると、一斉にはやした。柿の皮はたくさん干し、柿を作るところではいいおやつにもなったらしい。しかしこの唄ら見ると、最低の食べ物だったことが知れよう。
疾風怒濤のように、男の子の固まりが通るかも知れない。

あたりごめんは　天からゆるし
当って悪けりゃ　どいとって
（三重県白山町須渕）

内証話もしなきゃならない時がある。

内証ばなしは　せんもんや
私も聞きたい　腹が立つ
（三重県四日市市水沢）

女の子たちが大人しく地面に石を並べたり花を敷いたり、特別素晴しい座敷が出来た時に限って、獅子舞いのような男の子が飛び込んで来て、両手まで地について引っ掻きまわし、後ろ脚ではトンボウを切り、雷みたいに暴れて去る。体力では相手になれないが口で応酬はできる。

おなごさかむ*奴　　＊構う
だら*　ふくべ　　＊下肥　（福島県霊山町石田）

やろこ　焼き飯
なっぱ　漬け　　（宮城県河北町）

唄でやり返すのは女ばかりでなく、男も用意している。

あまっちょ　がえろっちょ
水をのんで　ぐーつぐつ　　（静岡県小笠町高橋原）

高橋原ではまさえさん、こうさん、よしさんと三人いたところでうかがった。三人はけんかするとよくはやされたといい、あまっちょは、男の子が女の子を悪口にいうのだといって笑った。

女のえらもん　鉦たたき
金が欲しゅて　まいまわる
（高知県野市町中ノ村）

汽車の音が遠くから聞えるかも知れない。

汽車は箱ひく　せっちん虫ァ尾引く
村のわ助じいは　ちんばひく
（西都市椿原）

わ助じいは、実在の人物だったという。今生きていれば百歳ぐらいと昭和五十年にうかがった。

じぇんとりぢゃっど
こわえこっぢゃ
（鹿児島県頴娃町）

葬式にも出合うであろう。

この折の坊さん、ほっすで引導を渡す、それを口真似し、子どもがいう。

われ死んで　おれ喜ぶ
晒一反　金三両
（三重県四日市市桜町西）

この辺、昔は桶だったという。それに晒巻く、後寺に納むのだろう。

せっきは近づく　金はなし
われ死んで　俺のしあわせ
いんねんの　ごっ
（対馬上県町女連）

山焼は以前はよくあったものだ。枯れ柴や枯れ草の間をくぐりながら山焼きの火はチョロチョロと赤い舌を出したかと思うと消え、消えたと思うとまた燃え上がる。朝から始めて昼すぎには終るようにする。小さい村は総動員してこれに当り、遠くから見ると白い煙が立ち、火の粉が見え、たちまちにブスブス燻る火になり、またボオッと火の手がたつ。それを見てはやす。

おじいが山焼く
おばあが　消す消す
（愛媛県松山市）

お多福の子に出食わすかも知れない。

おたふく　みふく
風が吹いたら　よふく
（三重県四日市市水沢）

水沢のおちかさん（明治二十四年生れ）の息子さんは「風が吹いたらまわせ」とうたったし、宮川村茂原では「風が吹いてよふく」とうたった。

ぼばれ　ぼんたん
叩けば　滅ーぞ
（鹿児島県頴娃町馬渡）

お多福風邪のことは「頬腫《ぶば》れ」という。五島や甑島だと、ハレ、また頬ばれ、「俺っが子はフーはれした」という。ボンタンはあのグレープフルーツのお化けのような大きな果物のこと。そんなにふくれた頬でも、叩いたらへっこむといっている。
次は禿の子をはやす。

はげっこ　むしくらい
きな粉餅ァに毒だ
（新潟県山古志村桂谷）

豆類はやけっぱた（やけど）に悪いといった。禿は火傷とは違うけれど、火傷のあとはよくこうなることが多いのである。

はけには　毛がある
はげには　毛がない
（三重県四日市市水沢）

例の四日市のおちかさん。「息子が小学一年の時、おできの跡が禿になった。こういわれたといって泣いて帰った」といった。

はげが先行きゃ提燈持ちゃいらぬ

二里や三里は　光らかす
（島根県六日市町真田）

はげが奥行きゃ　エガミが笑う
エガミ笑うな　鯛釣って食わす
（徳島県宍喰町）

海の傍の宍喰町のもの、さすが海の町とあって全部魚を当てている。ハゲという魚はうろこがなくて全身はげたようになっている回遊魚で、主に陸近くにいる。エガミの方は海底とか岩かげに住み、他の地方ではゴンタとかイガミ、ブダイなどと呼ぶといい、これは歯を剝き出しにしていて、常に笑った顔つきをしているのだという。
次は沖縄那覇市泊の唄。

かんぱち　しりーり
明日《あちゃ》ーくうよ
のうち　とらーさ

かんぱち（禿）には生姜をこすりつけると治るといっていた。

でび（出額）の子には、

でび　天井みろ
雨が降っても
傘いらず

これは友人の仙台出身の大泉マサさんからきいた。弟がよくこれをいわれていた。「でびに鈍なし」で賢かったと。

くさの出来ている子を、

くさでけ半分
みー半分
（京都和束町上）

吉野町三茶屋では、半分のところを「はんべえ」という。さて、どちらが元唄であろうか。昔はクサの出来ている子が多かった。頭全部で髪がちょっとかぶるだけだったという。

ついでに父《てて》なし子をも囃す。

あの子のこの子　さんしょの子
親にはぐれて　てなし子
（新潟県山古志村桂谷）

子守は女の子の仕事ではあったが、男だって下に弟や妹が多ければ背中に子を負わされる。いつも妹をおぶっていたので、背中には合わさり目の絵が出来ているといってからかわれた話なども想い出す。不格好な男の守り姿を眺めながら、ふだんは劣勢にある女の方も、こんな時にはつい嫌味の一つもいってみたい。

男守りさん　どっから来たね
（徳島県神山町広野）

佐那河内村で里の神山町では、そんなことといっていゝろべ（なぶり）おったわと張きくのさんは笑っていた。

人真似する子がいたら、

人まね　こまね

酒屋の　きつね
粕けで　ぼん出せ
（岩手県田老町摂待、田野畑村沼袋）

この唄はずいぶん遠くまで広まっているらしく、山梨の御坂町下野原でも、愛知の東栄町小林でも、ほとんど同じに聞いている。下野原では「かすくれて　おい出せ」、小林では「かすをくれて　ぽい出せ」

人まね　こまね　酒屋の猫が
田楽するとて　手を焼いた
（岩手県普代村黒崎）

真似し万才　乞食の子
（岐阜県久瀬村津汲）

真似しごんぼ　魚のおばち
（広島県福富町末政）

真似し万才　米もらい
一日歩いて米一粒
（三重県宮川村茂原）

愛媛県の砥部町でも、「米もらい」が「こまんざい」となるだけで同じである。遊びに負けて抜ける子もいる。

負けていぬるは
大根の　しりっぽ
漬けてかんだら　辛かった
（京都府宮津市大島）

うちの前では強いけれど、他人の家の前ではからっきし意気地がないのを、

うちん中の　ジンダンボ
よそ行って　めめずめ
（茨城県美和村小田野）

ジンダンボは独楽《こま》ではあるけれど、普通の独楽との大きな違いは動きまわることである。地団駄を踏んで、大きな声を出しながらあたり中おめきまわる。

家ん中弁慶の　外鼠
（新潟県上川村九島）

母親の後をついて歩くような子には、

じゃれ子むぐれんこ
やがんのつとこ
（新潟県上川村九島）

親に離れないような子であるから、まだほんに小さい子であるのだろう。

あんま追ーや
ちんちん　馬グヮ
（沖縄県那覇市）

そして遊びをやめる。

やめた　こめた
明日まで　ひまくいた
（新潟県栃尾市新山）

34　ありがたいなら

体が覚えてるという囃し唄をもう少し続けよう。
思わずつきがまわって来たのに、「ありがたい」といったら、

ありがたいなら　芋虫ァ鯨　（東京、全国）

と続く。この後に「アブラ虫ァ十九で厄年だ」と続けるところもある（栃木県岩舟町静和）。

ありがたいなら
めめずが　蛇《じゃ》になる　（新潟県上川村九島）
ありがたいなら　芋虫ァ鯨

でんでん虫ァ　法螺の貝　（岡山県八束村下長田）

「はい」と大人しくいっているのに、

はいは掃いたか　庭のゴミ　（三重県宮川村岩井）

はいよとはねれば　かじかもはねる　（長野県飯山市）

はいは川に　どろばえは　どんど　（島根県仁多町上阿井）

どろばえはハイの一種、ドンド（小川の瀬、水の流れ落ちるところ）にいるという。「ドロバエゴがおりますけにね」話し手のあさのさん（明治三十一年生れ）が説明してくれた。

はいの粉餅は　ふいて食え　（愛媛県中山町）

これも解説が要る。昔の主食でもあった焼餅は網の上でなど焼くのでなく、直接いろりのホド灰の上に並べて、またはちょっと穴を掘って、そこに埋けて上から灰をかぶせて蒸し焼きにした。当然その灰をはたいて、吹いて食べるのである。

はいはいいうのは　馬追いさん　（愛媛県砥部町）

「はい」は、ところによっては「あん」というところも、「あい」というところもある。

あんだら　干せやれ
干すもん　やるか　（新潟県安塚町須川）

あいは紺屋の使いもの
使って見たらば　ものぐさい　（栃木県大平町富田、岩舟町静和）

「あの人はものぐせえんだから」とか「ものぐさもん」という。藍は紺屋（そめ物屋）の付き物で、使って臭いことをいっている。

四国では「はい」を「えい」という。

えいより鯛が　うまいわい　（徳島県宍喰町）

えんに腰かけ　ほいとの子
団子の一つもようもらわん　（高知県香我美町岸本、野市町中ノ村）

えっとこ坊主にたぶさがない　（愛媛県内子町）

えいとこ三杯　十三杯
せっきのせいぼで　お払いな　（愛媛県砥部町川下）

相手が「うん」と答えたのには、

うんだら　ひっつぶせ
かっだけりゃ　割って食え　（新潟県松代町松代）

うんだら　つぶせ
あまったら　肥にしよう
（岐阜県御嵩町中）

前の唄は成り物の熟んだにかけたもの、後からのものは「腫んだーら」にとっている。京都の日吉町片野では後半を「針がなけりゃ　借そうぞ」とうたい、宮崎県田野町上桜町では「うんだらつやせ　松葉が楽よ」とうたう。

うんだら　つぶせ
つべたら　のごえ
のごたら　すてれ
（五島新魚目町浦）

「おう」と答えた子には、

おうたら　おろせ
重《もた》けりゃ　休め
（広島県口和町）

おうたら　礼をせい　（高知県池川町下土居）

おうたら　かやれ
こっつ牛が　突くぞ　（宮崎県北郷村入下）

「おうたら　かやれ」のかやれは帰れ、「こっつ牛」は雄牛である。
「おい」と呼んだのには、

おいは　六部の
川流れ　（長野県天竜村坂部）

「おい」は六部の笈とかけたようである。

おい（甥）が来たら
ごっつぉせえ　（岡山県西粟倉村長尾）

おいちが死んで　十三年
ぼんさん招うで　法事をせい
（広島県能美町高田）

「何？」とか「なんち」といったのは、
何やながたん　腰にさして踊れ
（滋賀県四日市市水沢）

ながたんは包丁である。
なんたら　かぶす
たいたら　人参
（愛媛県小田町日野川）

かぶすは、正月に飾るだいだいのことだという。
なんちん　香《こ》の物
つけ大根
（五島福江市）

「いや」という子には、

やーだら勝手の
しゅろぼうき
（栃木県岩舟町静和）

いやなら　よしゃがれ
芳兵ェの子んなれ
ぺんぺんひきたきゃ
芸者の子になれ
（東京都南品川）

これは少しずつ文句を変えて、ずいぶん広くにあるようだ。愛知の東栄町小林では「やだなら」ではじまり、「ペンペン好きなら」とうたう。

いやなら　おかしゃれ
もとのかお　よばしゃれ
（岐阜県板取村上ケ瀬）

いやなら　いやし
くいたけりゃほいと
（高知県野市町中ノ村、伊野町加田）

いやいやいうのは　いやしの子
くれくれいうのは　遍路の子
（愛媛県砥部町）

何かをいって「知らん」という子がいれば、

しらにゃ　しりもち　かあら餅
（愛媛県東栄町小林）

しらにゃ　死んでけ
墓そこや
（三重県宮川村岩井）

どさくさにまぎれて肩を払ったり、足を踏みつけたりする子もいる。思わず「あ痛」と叫ぶと、

あいたけりゃ　おおと来い　（三重県宮川村岩井、南勢町斎田）

あいた　痛けりゃ
明日《あす》　なおれ　（高知県野市町中村）

素なおに「ごめん」と謝る子もいる。それなのに、

ごめんで直りゃあ
医者いらん　（徳島県宍喰町）

ごめんは　西じゃ　（高知県野市町中村）

後免町は野市町の西にある。

ごめんそうめん
合わして　にゅうめん　（三重県宮川村岩井）

にゅうめんは、野菜などかやくを入れるものだという。
まだまだ続く。
「あののう」と提案しそうな子がいる。遊びに夢中になってる者は、

　のったか　そったか
　そりぼうず　　　　　　　　　　　　（愛媛県小田町立石）

「泣いたんべ」などには、

　なかね（中根）は
　富良《とよみし》の向こうだ　　　　　（栃木県岩舟町静和）

「どこ行《い》たね」などに、

　どっか　どがわの　橋の下　　　　　（宮崎県南郷町渡川、大分県東郷町北郷村坂元）

「当り前じょ」といったのには、

あたり前なら
くんどの口であたれ
（三重県熊野市五郷町寺谷）

「そうか」に、

そうか　そうめん
ゆがかにゃ　食われん
（島根県津和野町）

「いかさま」と叫ぶ子がいる。

いかさま　たこさま
手が　八つ
（島根県平田市釜浦）

「野郎」に、
やろう　とろう
何よこす
（新潟県六日町上薬師堂）

「取った」と思わず快やを叫ぶと、
とっとの眼を　はりつぶせ
（山梨県早川町黒桂）

「かまん」に、
かまにゃあ　鎌かって踊れ
（三重県宮川村岩井）

「どうして」に、
どいで　どんぶり

割って　叱られた

（愛知県岡崎）

ここで岡崎とだけあるのは、話し手がそういったので、ある絵描きさんの紹介で私たちは、茶店で話していた。もう一つ岡崎では呼びかけに「ほーほー」という。家の前でこれをいい、誰か出て来たら「ほったるこい」と続けるのだという。

誰かが何かの糞を踏んだらしい。「わあ汚ねえ」といったら、

きたがなけにゃ
にっぽん　三角だ

（長野県天竜村坂部）

どうせなら返事なしに黙っていようとすれば、向こうはそのいやがらせを十倍にも大きくして吹き返してよこす。

きかずきの子《ご》じる
あったねて　だいごじる

（山形県小国町大石沢）

いくら呼んでも　返事しない
頭はげっちょで　耳がない
（栃木県佐野市）

うらが呼んだ分にゃ
返事もせんが
誰かさんが　呼んだら
はい　はい　と
（長野県天竜村坂部）

おしかつんぼか　耳なしか
親に抱かれて　まだ乳のむか
（京都府瑞穂町井脇）

だまり団子の
仏さんのくいかけ
（徳島県宍喰町）

35　雨の降らんに傘さして

子どもたちは、学校がひけると思いっ切り馳けて見たり、また馳け戻ってみたり、もつれたり引っくり返ったり、三々五々帰途につく。緊張から開放されて、再び遊びを捜す子どもになっているのであるから、うっかりするとみんな囃す対象にされる。雨が上がってるのに傘さしていたりすると、

雨の降らんに　傘さして
たんたん狸に　化かされた
（高知県安田町、安芸市伊尾木、夜須町西山）

また天気がよくなってるのに下駄をはいているといって、

天気のよいのに　下駄はいて
雨の降るのに　ぢょんぢょはいて
（栃木県上三川町西木代）

日和に下駄はく　ざっとの坊　　　（岡山県西粟倉村長尾）

この辺、ざっとさんはびわをぴんぴらぴんぴらならし、必ず高下駄をはいて来たという。小椋フサヨさん（明治二十四年生れ）の話である。

歩きながら三人並んでしまうと、

真中まんじゅう
はじっこ　蜂の巣　　　（栃木県宇都宮市南半田）

真中まんじゅう
はじっこ　はじや　　　（栃木県宇都宮市石井、上桑島、西刑部）

真中まぐそ
つまんですてろ　　　（徳島県宍喰町）

真中まぐそ

くろほとけ

（愛知県額田町石原、矢作）

みんなが馬糞などいやがり、まんじゅうやほとけになりたがるものだから、はさまれたら端に行き、抜けて端に行きしてひとしきり遊ぶことができる。宍喰町では真中の人を押し出し、はずれた人がまた端に加わってくり返すといっている。

これも収拾がつかなくなったり、飽きて来たら、今度はかけ出すかも知れない。するとおくれた者は後ろから叫ぶ。

先行く者　どーろぼう
後から行く者　巡査

（徳島県宍喰町）

しかし、先に行きついた者だって、ちゃんと文句は用意してある。

後から来た者な
ガッパどんの嫁女

（福江市崎山、岐宿町中岳）

ガッパどんは河童のこと、「学校帰りなど、後にならんよう走ったりしおった」という。
このガッパは、奄美大島ではクンムンのクヮックヮといい、「あとから来るん人《ちゅ》やクンムンのクヮックヮ」という。（瀬戸内町伊目）

後《しゅう》なりん者《ちゅ》は
烏《がらす》のとじ　とじ
（奄美大島宇検村生勝）

（ここで発音にうるさい向きにはクンムンの名にKUNMUN、とじのところにTUJIがいいかと思う）

いよいよ部落にかかって上と下との道に分かれる。上から見下ろす連中は大威張りではやす。これには木登りなどにかかわってる子も多いであろう。

上の上の旦那さま
下の下の乞食っコ

下にいる者がやり返す。

上の上の烏っコ
下の下の鉄砲ぶち　（栃木県岩舟町静和）

上行く　殿さま
下行く　だるかつぎ　（大分県野津原町）

「だる」は下肥である。
山遊びなどで友だち同士が二手に分かれたとする。早く来てまた一緒になろうとする。

うむかば　こうこう　よぶからおいでおいで
まんかば　こうこう　招くからおいでおいで
やきゃさくしグヮし　お前達は杓子コで
まんこうまんこう　招うまねこう
わきゃ　うぶらグヮし　私達はヘラコで
まんこう　まんこう　招うまねこう　（奄美大島大和村今黒）

途中にはけんかもして来たであろう。

あほ　ばか　まぬけ
ひょっとこ　なんきん　かぼちゃ
（三重県美杉村丹生俣）

北村の子ども　畑焼きに行って
畑もよう焼かんと　尻ばかり焼いて
ありもせん味噌を　尻にべったりつけて
ヤーヤー
（岐阜県坂内村広瀬）

広瀬は北村、西村、下村の小字に分かれている。互いに同じことをいってはやすのだというから、公平なのである。この辺はどこでも焼畑をやった。

東の子ーは　麻畑《ばた》やくとて
けつ焼いた
（岐阜県久瀬村津汲）

津汲は前にあった坂内村の一つ町をおいて隣である。ここで東津汲の子を西津汲の子がはやすのを聞いて笑っていたら、はるえさんがその東の津汲だったそうで、私たちは「西《にーし》のがきめらは」とうたったのだといって笑いに加わった。次いで主のちえさんが、

東の子ーらは　何ならう
机に向かって　はなすする

というのにはるえさんは、

西のがきめらは　何ならう
机にもたれて　弁当たたく

だったといって、また笑い合った。
板取村は、川筋を変えて西にある村である。

中切り子ども　どんびき子ども
へんびに呑まれて　きゃっきゃっきゃっ　（板取村岩本）

同じ村上ケ瀬でも、「松ケ谷子ども」と聞いただけで同じにうたう。

くゎんじん　くゎっくゎら　いわしの眼《め》ん玉
戸口にゃ立つない
あっち行って　立《た》ーてい　（天草有明町大浦）

「くゎんじん」は乞食のこと。大浦も懐かしい地で、ここの唄はみんなちさ子さんの唄である。この唄もけんかの相手にいうのだという。

とうぎの子どんがいうことにゃ
じょうにからいも　いわしの菜《しゃ》
ちーん米くゎん　米くゎん

「唐木」は御所浦島、米が出来ない。「ちーん」はちっともで「ちーんこらっさんと（ちっともこられない）」という。

須子《すじ》のあかめた*　ひゅうたんたん　　*眼の患い
赤崎ぁ地獄　楠甫ぁ蟹《がね》ん穴
大浦は名所の　御所どころ　（天草有明町大浦）

ぜんちょの　銭なし
キリストのきりなし　（平戸市）

禅宗の衆には「ぜんちょ」という。キリスト教の子どもは前をはやし、相手は反対をいう。最近までもところによっては双方の区別がはなはだしかったという。

奥の　もーっそう
下の　かーいげ　（徳島県宍喰町）

宍喰川が海に注ぐところにある、どんな道にもお婆さんや人々の姿のある懐かしい小さい町が宍喰町である。この町中を下《しも》という。対して川の上流西の部落の方を奥と呼んでいる。奥の子どもたちも学校に通って来たが、その子どもたちは弁当箱にもっそうといって柳行李のような楕円型でふたのつく飯入れを持ち、これを風呂敷に包んで、身仕度をしっかり整えたその背に斜めにおうて来た。下の子どもたちは着物なども着流しで、飯入れには円形の曲物、すなわちかいいけを手提げに入れて持って歩いた。それで町の子どもたちは「奥のもっそう」とはやし、山の者は「下のかいげ」と応じた。

奄美大島のうたはやさしい。

犬《いん》グヮと　猫《まや》っクヮと
フツ　フツ
（奄美大島根瀬部）

けんかしているのをはやすが、こういうと反ってやめるという。境アイマツさん（明治二十三年生れ）が教えた。

そうかと思うと、こんな唄もうたっている。

とーた　とい山《やめ》　鳥刺しけ

かーか　鹿児島　籠かいけ
（屋久島栗生）

「籠買いけいたてことよな」栗生で山崎エリさんが呟いていた。

36　波こい

ちっちい波　沖へ出て
ふとう波　こいこい

種子島本村の唄。西種子町の田ノ脇では「沖へ出て」のところを「たな行《い》て」とうたう。

ばんじょ波ァ　つし行て
おんじょ波ァ　こいこい
（中種子町平山）

婆さん波は小さく、おんじょ（爺さん）波の方が大きいのだ。「おんじょ波の多かところだから気つけ」など親たちはさとす。

海面《づら》一つに継って、伸びたり引き上げたりする波の勢はすさまじい。それなのに小さい波でなく大きい波をと呼んでいるあたり大胆なものであるが、それも道理、この子らは陸にいるのである。浜で砂山を築き、城をかため、その上にのって叫んでいるのだ。種子島の田ノ脇では砂で舟を作る。海側を高くして波が来てもくずれないのを自慢する。「どげんな波が来ても大丈夫だという気持」でうたうのだという。冒頭の唄を教えてくれた本村のトヨさんやミネさんも「あっおら（叫）べば波が太《ふと》うなるということかな、本当に大波が来て砂ばさらって行きよった」という。

同じく徳之島の東端、金見でいう、テエマンビは「てえ（手）まんび（招き）」の意味なのだろう。砂で山を築き、その上に坐って波を招く。

大波《うーなん》　もーり
大和《わん》じ　藻ーとって食《か》め
我　とって食《か》め
（大波こーい、大和行って藻とって食え、おれを食え）

着物をずぶぬれにして帰ったというのだから、これも敵は絶対安全な領域にいるのである。
沖縄のうたもこれと似た内容だ。

波ぐゎ　波ぐゎ
我《わん》　わくれ　（本部町渡久地）

「わくれ」はかまうとか、いじるとかなぶるとかなのらしい。潮が来たら逃げ、引いたら追っかけて行ってうたう。勝連村平敷屋では「波ー我《わん》くえー」とうたう。静かすぎる波に、不遜のけしかけをやっているのだ。

天《てぃん》ぬ下《しちゃ》から
大波《うふなみ》　持《む》ち来《く》ー来《く》ー
我《わん》ね　擱《しが》まりしや
砂糖屋《さたや》の　糞くぇ　爺《うんちゅ》ー

沖縄の東端、国頭村安田の唄、「俺につかまるような波は砂糖作り小屋の糞ったれ爺だ」といっている。こんな挑戦を受けて、はて波はいくらか発奮しただろうか。

潮《うしゆま》負すんな
我《わ》ー頭《かまち》や
潮《うしゆま》負ん　すんな
水負ん　すんな
河原《こうら》の端《ふち》のぼほ*の丈《ちけ》
生《む》えれ　生《む》えれ

*ダンチク

沖縄や奄美地方の人たちはじつに立派な髪毛を持っている。右を聞かせてくれた奄美大島宇検村部連のウトミさん（明治二十七年生れ）自身も、まだほとんど黒いままの髪を豊かに頭上後頭部高くに髷に結っていた。子どもでも女は少し大きくなると、髪を髷にした。海に入る時は、その髪を手拭でしばって泳ぎ、上がった後濡れたうなじのあたりを手拭をあおぎながら、または濡れてしまった髪を乾しながら右をうたうのだとのことであった。終りの二章は、長い髪にあこがれる者の、もっと長く伸びよ伸びよとの呪いことばで、ボホと呼ぶダンチクは竹かと見紛うばかり丈高く伸びる草である。

島の女の子たちも、主な仕事は弟妹の子守であった。その子を親が引き取ってくれて、晴れて水泳ぎもできるのであったが、暑い折など守りをしている間にもどうしても堪らなくなると、幼い者を磯や川岸に置いて水に飛び込む。そんな時ウトミさんたちは子どもの頭に水をすくいかけては、「我《わ》ー子《くわ》の頭《かまち》や、潮《うしよ》負《ま》んすんな、水《みず》負《ま》んすんな」と唱えてやるものだった。子は気持がいいのでじっとしているという。

同じ宇検村の西端に近い平田で聞いた髪毛の呪いうたも、しおらしく美しいものだった。海で泳いだ後、海に注いでいる川に寄って髪を洗う。その時、すくった水をぐのすこ（後頭部）にかけてぴちゃぴちゃやりながら唱えるのだという。

赤髪《あーがしら》ー生《む》いりな
白髪《がしら》生いりな
黒髪《がしら》ぶぃり　生えて
棹《さお》ん丈《ちきや》
南瓜《とつぶる》の程《ほど》　結《ゆ》われんかお
とーと　とーと

赤髪生えるな
白髪生えるな
黒髪ばかり生えて
棹の丈
南瓜《かぼちゃ》程にも結われるように

とーと　とーと　とは神仏への祈りや唱えごとの終いによくつける。

37　身干せ身干せ

北国の夏は短い。水浴びをしたい、というよりは水に入って我慢できるほどの日は夏休みの間一週間か十日ぐらいなものだった。年によっては今に今にと思ううちに、温度は折り返し点を戻り、それならこの辺で入るべきか、または休み明け前までにもう一度たしかな夏が来るものかと判断に迷ったりする。しかしどのような年であろうと、これを逃したら取り返しがつかなくなるという、年を送るに是非必要な一課程でもあるように、一、二度はどうでも水浴びをした。

村では水泳ぎとはいわずに水浴びといった。こんなわずかの機会であったからでもあろう。男の子たちは多少みな泳いだようだけれど、私などの女は、せいぜい犬掻きぐらい、たいていは岸につかまってばた足をしたり、底に手をついての浮き歩きだったりする。

水に入る時は裸であった。水の動きを体全面に受け、打って返し、撫で抜けて、体はなめらかに包まれていい気持であった。川は遠くまで行かないとないので、沼で泳いだ。こちらは流れと違ってほどよくぬくたまっているところはいいのだが、底に泥がたまっているので、岸近くでなど騒ぐなら、たちまち舞い立つ泥も仲間にすることになる。素裸で自然体なところ、男の子たちの沼半ばの澄んだ中に身を置くのは泳ぐ魚にも擬せられたが、私どもの濁りの中であばれるのは、両棲類というところであったろう。

水から上がって体を拭くものなどはもちろん用意していない。腕や脚はしごいて水切りするぐらいにして、あとは自然に干す。けれども皮膚の水気はなかなか消えないものであった。太陽の照りつけている時ばかりと限らないし、その太陽がかげったので出ることにもなるのだし、体だって冷えているのでたちまちになど干上がらない。それでやっと乾きに向かうかと思う頃にはもう着物をつけるのだが、こうなるとまた乾きは遅くなって帰りの道中しばらくやばつい（水気にあって不愉快なさま）思いをするのだった。

体を干す時、呪いうたをうたうのは、せく気持も押えられて、有効であったろう。

あし　あし　乾け
元のよに　乾け
（三重県宮川村茂原）

このあたりは泳いだ場所は川だ。それから上がった後、河原の石の上に立って足踏みをしながらうたう。川なら水の冷たさは格別、体乾す用も切実であったろうし、足踏みはその効果を一段と上げたはずである。

海近くの者らは、そこで泳いだ後に行うのであった。愛媛の西南端部、津島町田の浜で昭和十八年生れの若い梶原けい子さんが聞かす。

「海で泳いで体冷たくなり、唇も紫色になったら、浜の真砂《まさご》の上に腹這いになって背中あぶる。この時、水から上がり際に濡れた石一つを持って出、それを別の石で叩きながら、

背中　背中　かわけ
石　石　かわくな

と唱えた。手筈どおり、石を持って上がらなかった時などは、傍の石を口で濡らして、それを打ちもする。

いけにえといえば大げさながら、代りのものを一つ差し出しておいて、そちらの分も我が方に合力させようというのだろう。隣内海村網代でこれも同じ年頃の目関たか子さんは、履いている草履を濡らした時、石の上にその草履を手に持って打ちつけながら、

ぞうり　ぞうり　かわけ

石　石　くされ

といったそうだ。

身干せ　身干せ
鎮台さんの　身干せ

壱岐、芦辺町瀬戸のものである。鎮台さんはその地に駐在している兵隊さん。偉い人の用向きなら、干し手の方も気をこめるのだろう。海で泳いだ後岩の上に腹這いになってうたった。前にいう、いけにえともいうべき型は、奄美大島にも現れる。

我《わ》ー体《どう》や　今干《なまひ》り
烏《がらす》の体《どう》や　明日《あちゃ》干り

西海岸も南端に近い、宇検村平田のいいよう。水から上がって体を乾すのに、両手でぱたぱた体を叩きながらうたった。

我《わ》ー体《どう》や　干《ひ》りよ
人《ちゅ》の体《どう》や　干んなよ
我《わ》ー体《どう》や　干りよ
人《ちゅ》の体《どう》や　生ひり
烏《がらす》の体や　干んなよ

二つとも同じ宇検村宇検の唄。次も同村西端屋鈍。部落の頭を乾す時の唄である。

烏《がらす》の頭《かまち》や　夜間《ゆんま》
我《わ》ー頭《かまち》　早《へえ》く干《ひ》ーれ

38 河童

鳥取県の西端、溝口町二部で、一晩宿を恵んでくれたり、話し手を紹介してくれたりした渡辺豁《とおる》さんがこんな話を聞かせた。

「日野川のしょうごの淵には、昔からかわこ（河童）が住む。ある時の大水に流れて来た馬鍬に穴の口をふさがれて出れなくなった。荘部落の細矢という漁師が引き上げたら恩返しに家の門の掛木に魚掛けておくことが長く続いた。そのうちに掛木が腐ったので鉄釘にしたら、鉄を嫌うかわこ、それ以来来なくなった。今もその家ある。家系は変ったが、川口昨一という人の家だ」

渡辺さんは、いかにも幸運をふいにしたそこつを惜しむ口調でいったのである。

河童を現実のものとして語られることは多い。鹿児島県入来町中須では河童見た人あるとも聞いた。「赤子のようで髪毛赤く、頭くぼかった」と。宮崎の西都市椿原では河童はヒョウスンボという名で、「ヒイヒイヒイヒイ」なく。冬期は山におり、春彼岸の頃から川へ降りて来る。雨の降る晩など音がするといっていた。鹿児島から天草に渡る間にある長島などでも彼岸に川に降りる時、ヒュウヒュウ鳴き声が聞えるといい、彼岸以降はコブのヤネ（蜘蛛の巣）がこわいので山に住まない。ここで河童はカワンバッチョの名で呼び、「かわんばっちょはじご（尻）を抜く」。竹之内敏雄さんの話だ。五島も海と真近に接しているものだから、河童との距離もまだ心許せないのだろう。ガラッパ（河童）の寄るを防ぐには、戸口にバケツに水を入れたのを置き、それにひょうたんを二つ割にした柄杓のチョッパゲをうつむけに入れておく。こうすると、「ガラッパ入って来《こ》ん」と。また、ガラッパはよく牛にのり、乗られる牛は急にあばれたり、驚いて飛び出したりするが、そのため牛小屋の戸口にもひょうたんを吊っておく。ガラッパは牛ばかりでなく人にも乗る。こんなに話してくれた後、小川原さん（明治三十年生れ）は、「私はのられたことはないばって」と几帳面につけ足した。

　河童の実在をしかし、もっともよく知らせるのは次の一事であろう。水死人は肛門が大きく開いているそうである。これを河童が引き抜いたと見るのだ。各地で、「河童にしりご抜かれる」（山形）といい、「かわこぼうに尻抜かれる」（三重）といい、「がわやろにいどこ抜かれる」（岐阜）といい、「かわっその尻《し》っごばとる」（佐賀）、「がっぱにけつ抜かれる」（対馬）などといい触らされている。

　これは水遊びする者にとって脅威である。さまざまな河童よけの呪いを施す。中で仏様に供えた飯を護符として腹中に納め込むのなど広く行われているものである。これは、もう一法の鍋墨を塗ったりするのとも違って、つまむばかりの量でも、米の飯であったから、都合いいものであったろう。

　こうした厄除け法の他に、ある風変りな儀式が見られる。水に入る前、また水から上がるをしおに行われるものだ。昭和五十八年にまわった愛媛の西南海岸でもよく耳にしたものだった。いちばん南端になる城辺町深浦での呪いは泳ぎ終りにやるもので、さてもう遊びを終いにしようという時に、

えんこうに　つべ
抜かれんように

と唱えて石を一つ海に放り、それの行ったところまで、改めて泳いで行ってその後陸に上がる。河童に当るものがこちらではエンコウなのであろう。

これより少し北になる内海村平碆《ひらばえ》で田中あや子さん（大正元年生れ）の説明してくれたのはこんなだ。泳ぎに入る前、浅いところで、股の下から潮を後ろにはね上げる。西に向かってこれをし、次いで反対側、東に向いて繰り返す。この時、

西まい　ちゃぶ　ちゃぶ
東まい　ちゃぶ　ちゃぶ

と唱えた。

えんこ　えんこ　沖へ行け
おら　おら　陸《おか》へ行け

さらにいささか北上して、北宇和郡になる津島町田の浜のいいよう。ここでも泳いで上がる時、両掌で水をはねる。上の「えんこ　えんこ　沖へ行け」では沖に向かって潮をはねやり、下句では陸向けてはねる。

津島町横浦で松田むめさん（明治三十七年生れ）のやり方は、またこのようだった。海で泳いで上がる時、目の前の潮を両手で沖に向かってはね、

こんど泳ぐ時
えんこも　ふかも
来《こ》んように

と唱う。それからまたちょっとばかり泳いで、その後で上がる。

こうした呪いは全国的にあるようで、九州でもよく似た形だ。

あとん河童《がっぱ》　あとん河童《がっぱ》
また来て　お世話に
なりましょう

（対馬上対馬町唐舟志）

泳いで帰る時、すなわち「泳ぎしまい」に、背立つほどの深さのところで、左右に開いた両手で水を叩きながらこれを唱えるのだという。

河童は必ずしも住み処を水中・水辺と、人が陸を住み家とするほどには厳然としていないのだろう。それはこれまで取り挙げた少しばかりの事例の片々からもうかがえるのだが、魚を届けに来たり、家中や牛小屋にまで入ったりもするのである。水遊びの子ども等はこれを恐れたのだ。潮の香や水気の身に添い来ると同じように目に見えない魔のもののまといつき来るのを恐れ、それを払い落して帰る必要があったのであろう。

潮をはね飛ばしたり、ふたたび泳ぎに出ると見せて直ぐ戻ったり、股目鏡のような突飛な行動に出たり、これらも相手の目くらませや祓いの行と思えば思えなくもない。人の死んだ折には、海近くでなら浜で潮浴びたり、お清めをするのであるが、身代りのように石を一つ拾って放りやる、右とまったく同じ型をとる地もあるのである。

熊本の、人吉市の東、須恵村石坂では、水につかる前に、

おどんが　尻《ひゆう》は
鍋ん　尻《ひゆう》

と叫んで水浴びをした。鍋尻では河童が相手にしないのは当然だが、他でもない、「鍋」としたところは、冒頭にあった鉄釘嫌ったように、金物となるその質にも思惑あるのかも知れないのである。

39　飛ぼよ

泣こかい　飛ぼかい
泣こよか　ひっとべ

思い切って跳んでみればさしたることのない高みも、踏切るまでが恐ろしい。仲間が次々に跳んで一

人残った時などはなおさらである。そんな時、鹿児島の子は大声で叫んで、その勢いでふっ跳ぶ。厳しい選択をするあたりなかなか健気なのでもある。京都の宇治田原町湯屋谷で藤田トクさんたちのうたったのは、もう少し優しい。

跳ぼよ　跳ぼよ
お寺の縁から　ポイと跳ぼよ

優しいといっても、その何げないことばで暗示をかけているのかも知れない。
種子島西之表市田ノ脇での唄はこうだった。

足《あーし》のからも　手ーのからも
つん折《も》んな
（足の骨も手の骨もつん折るな）

跳ぶ前の躊躇は、まさにここのところにあるのだった。自分たちが木や棒を折るように、体についた枝とも見なされる細い手足が、ぽっきり折れ崩れてしまうのではないかと心配になる。この案じようは誰でもがやるとみえて、奄美諸島の沖永良部ではうたう。

烏《がらし》の脚《はじ》　折《う》りてたぼーり
我《わん》脚《はじ》　折《う》りてたぼーんな
（烏の脚折れてくれ、おれの脚折れんでくれ）

次の西表島祖納のも似たようなものである。最後の「ふっぱい」踏み切る。

我《ば》ー脚《ばい》　折《ぶ》りとんな
烏《がらし》の脚《ばい》　折《ぶ》りとーり
ひーやり　ひーやり
　ふっぱい

40　ゆさゆさ桃の木

木登りの小は倒木にかけ登るもの、また、雪の重みでしなり傾きかけた枝にのるもの。少し高等な枝になると、木の上で枝伝いに隣の木に飛び移ったりする。長野の天竜村では子どもたちが「竹移り」というのをやった。竹に登って末をたわめ、その反動で次々他の竹に渡り移る。

木の上の高みで子どもたちはどれほど気分がいいものか、いつもは意地の悪い心もだいぶ広くなるらしい。こんなにうたう。

ゆさ　ゆさ　桃の木
もんもがなったら　半分コ
二つなったら　一つずつ
えっさ　もっさ　桃《もーも》の木

（茨城県那賀郡美和村檜沢）

桃がなったら　誰《だん》にくりょ
じいさとばあさに
くりょうや　くりょうや
（新潟県山古志村桂谷）

えんさ　もんさ　桃《もーも》の木
桃《もーも》がなったら　誰《だーれ》にしょ
太郎に一つ　次郎に一つ
あとの残りは　みんなおれ
（栃木県下都賀郡岩舟町静和）

いずれも枝につかまり、大いに木をゆさぶり動かしながらうたうのであり、「ゆさゆさ」とか「えっさもっさ」はそこをいっている。

高みで気分をよくしている者もおれば、それをやっかみ半分で下から見上げている者もいるわけで、竹富島で前盛佐輔さん（明治四十五年生れ）たちはこれに少々嫌味な警告を発するものだった。

木のはんたにー
木のはんた登《ぬう》りて　着《しん》物破《や》りてぃ

母《あんま》んいじゃりて　すたがれじゃんな
大泣《うふなか》　じゃんな
はーいるれーど　ひやよんな

木のてっぺんにー、木のてっぺん登って着物破てー
母さんに見つかって叩かれしゃんすな、大泣しゃんすな
はーいるれーどひやよんな（囃し）

与那国祖納でもうたう。

たーりんぶーる　でいここ
てんたぱーや
犬《いの》てね　猫《まや》てね
噛《ぷ》ちゃりて　泣《な》ーぎゃ　泣ーぎゃ

第五集

木彫りをしている。　　ススキ帯の箒

52.2.8.　　歡島霜生

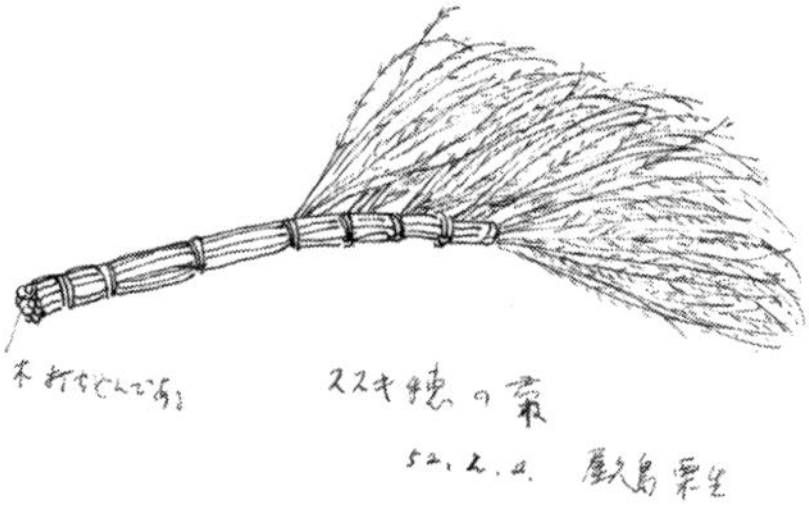

41　ギッコンバッタン

長い一枚の板があれば、あとは少しのかさの物を台にしてシーソーが出来上がる。低すぎると思っても、片方が下がると倍の高さになるから結構スリルもあるのである。一回ごとにごっとん、がったん上り下りするので、名前はすべからくこれを映したものだ。

ビックシャック（壱岐）、ヒックイマント（種子島西之表）、モックンゲッタン（種子島中種子町）、ギーリガッタン（平戸市志々伎）、ここでは、

ギーリガッタン　ちょんがらみゃあ

といってのる。

キーリコバッタンコ（牛深市）、ジンカダバンカダ（茨城）、ジンガラモンガラ（宇都宮市）。「ジンガラモンガラ作っとこれ」という。ギッコトンバッコトン（島根県大東町）、ギットンバットン（山口県鹿野

町、岡山県八束村）、ギーガタンコ（岐阜県徳山村）、キーカタコン（三重県阿山町）、チョッペンコッペン（滋賀県信楽町）、ギンカダー（岩手県軽米町）、インチャラバンチャラ（奄美大島瀬戸内町）、ジーチャブーチャ（奄美大島宇検村）、イエンイエン（沖永良部）、イータンバーシ（沖縄県勝連村）。

天草の河浦町今村でサコンタロウと呼ぶのは、水力利用の米搗と同名である。サコは、山と山の落ち合う谷間のことで、「昔はどこのサコにもサコンタロがあった」という。舟に水がたまり、一定の限度に達すると舟が傾いて水をあけ、反対側の杵がとんと落ちる。ギー（舟が傾く）シャー（水をあける）トン（杵の音）の順序だという。

奄美地方には高倉がどの家にもあった。四本柱のてっぺん部に作られた腰の高い倉で、地に近い下の方にヌチ（貫）といって横木が渡してある。これにはしぃ（梯子）を渡して遊ぶものだった。このはしぃは一本木を削って足がかりの段々を設けてあるもので、高倉の出入れに備えつけられているので好都合なのである。段に仕切られて乗り手の安定もよかったであろう。これに六人も十人もで乗る。ヌチ（貫）は低いといっても四十センチほどはあるから、かなり大がかりな遊戯になった。それに見合わせて長々とうたもうたう。

いっしょろばんしょ　こうばんしょ
前の山登《すが》って　猪《すす》のかたひらいりかくし

愛《かな》しゃん人《ちゅ》や二《た》っ切れ
憎《はご》しゃん人《ちゅ》や一っ切れ
後《あと》の女中《ぢゅすきべ》くゎや
空汁《むなしゅる》とっぽむかしょ

（名瀬市根瀬部）

うぶちゃらばんちゃら　こうばんちゃ
漕げー　漕げー　舟漕げー
あしゃげん下《しゃ》ーのじぇんむるっグヮ
大港《ふーぐちきやあ》行ち　小魚《いなゆうて》釣っぎゃ
小港《いなぐち》きゃあち　大魚《ふうゆうて》釣っぎゃ

宇検村芦検でうたう。ここの子たちは大きなガジュマルの元にあるアシャゲ（集会場）でウブンチャラバンチャラを遊んだという。ジェンムルッグヮはクンムン（山に住む木の精、川の河童のようなもの）みたいなものだという。

次の唄も可愛らしい。

いんちゃら　ばんちゃら　こうばんちゃ
坂《さかし》の馬《ま》っコ《くわ》や　乗り苦しゃ
平《とうま》の馬《ま》っコ《くわ》や　乗りやすさ
（大和村思勝）

また、掛け合いもする。

いんちゃらばんちゃら　こうばんちゃ
西からこばやや　来んたかや
　きゅうたっど
くるがねあじやの　乗とらんたかい
　のとたっど
ふぐんちゃ病《や》もちゃ　やんたかや
　ゆうたっど
飯食《おばんか》もてや　やんたかや
　ゆうたっど

西からこばやは来なかったかい
来ーたーよ
くるがね殿は乗ってなかったかい
乗ってたよ
ふぐりが病気といってなかったかい
いってたよ
飯が食いたいといってなかったかい
いってたよ　（大和村今里）

屋久島の麦生では、ごく簡単にこういって乗った。

ろーべ　ろーべ
こたん　こたん

42　ブランコ

福島の、ほとんど北端になる飯館村を昭和四十八年に歩いた時、小宮という部落で明治四十九年生れの菅野長兵エさんが山で遊んだブランコ乗りの話を聞かせた。

コグワ（サルナシ）という丈夫なつるがある。太いものでは子どもの手首ほどのもあり、木のてっぺんの方までからまり登っているので、ほどよいそれを選んで切ったら折り返して間に二尺ほどの横木をはさみ、上を藤づるで巻いて締める。藤のつるも、強靱なことでは群を抜き、家を建てたり、小屋を組むのに使われるのである。

これに腰をかけたり、また立ったままで乗る。木の末《うら》っぽの方までこいだ。途中で枝にからまっていたりすると大きくこげないので、そこをよく見て作るのである。このあたり、どこの家でも炭焼きをしたので、子どもたちはみな親のてこ（助手）に行った。そんな時に五人でも十人でも一緒になって遊ぶ。炭焼きは二百十日過ぎからはじまって八十八夜までの間だった。菅野さんは十三の年から一人前に炭焼きをしたという。てこならもっと幼い者たちも入っていた。仕事よりは遊びに思いをかける年頃なのである。仲間が集まれば、作業も後まわしにして馳けつけた。菅野さんもあきれた顔をして、「のこぎりやまさかり背負ったままで乗るんだはげ、よくあれで過《あやま》ちもすねがったもんよのう」といった。じっさい、その後、畠に落ちて怪我した子が出て、このブランコ乗りは法度になった。

ブランコがぶらぶらするところからの名なら、ユサ系は、ゆさゆさ揺れるのをいうのだろう。青森の十和田町沢田ではユーランコ、種子島ではユサやイサ、宮古や西表島ではユーサ、下甑島ではヨンサゴなどという。

これにはずいぶん変った名前が多いのである。茨城北部のドンマンマとかドンガンボ、栃木のドウランボ、宇都宮市下桑島では「ドウランボ、カッカタコ」といって乗る。これより東の島山町下境ではこんなだった。

ドウランボ　カッカカッカ
牛めに曳かれて　泣くな

福島いわき市四倉ではダンモンモ、それから茨城、山形に広いドンズキがある。山形の白鷹町でこんなに聞いたことがある。

「梁から二本の縄を下ろし、板を渡して横にこいだ。二、三人も一緒に乗って。その板が柱にドンとぶっつかるのが面白かった」

こんなところからの命名だったかも知れない。

新潟栃尾市中野俣のブェーコシャコンなんかも、何やらの衝撃音に思われる。この隣の山古志村ではブイチョで、これより西の安塚町須川ではブーチョ。

ぶーちょ　さいちょ
えなりどうの　きっきらこ

とうたって乗った。えなりどうは稲荷堂か。

こんなふうに、唄の文句が名になっているのもある。

よーいやな

よーい　よーい
よーいやな

これは屋久島麦生での唄。ブランコの名をヨーイヤナと呼ぶ。沖縄竹富島でも囃しと一つ名ヨイサである。

よいさー　よいさー
我《ばん》ー漕《く》うばー
しぇちゅなよー
よいさ　よいさ
（私が漕ぐから切れるなよー）

奄美大島では、インニャンゲの名がいちばん多いが、瀬戸内町花天ではこれに、

いんにゃんげ
まんにゃんげ

といって乗るのだった。宇検村生勝でシマ婆さんが教えたのはアシャゲンシャ。

あしゃげん下《しゃ》ーの
くンものっぐゎ

といって乗った。これは前のシーソーのところでも出た。
ブランコ乗りが、行事の中に登場する珍しい例もある。
種子島では八月十五日夜の村をあげての綱引の後、その綱を村外れの松にかけ、十五日から十七日までの三日間、子どもから青年までブランコ乗りをした。松は綱をかけるにちょうどいい枝振りの、毎年かける決まったのがあった。子どもは綱引きよりもこちらの方が楽しみだったという。一人ずつ乗り、それを青年がもって（押して）くれる。そこでうたった。

よーすいよい　もってもくれんかよ
沖《おーき》の瀬《せ》の　鰹のまん釣り

話してくれた、西之表市田ノ脇の榎本ミ子《ネ》さんは、まん釣りとは「よけい釣るていうことぢゃろ」といった。九月の十五夜にもう一度この行事があり、こちらは十三日から十五日までだった。

沖縄の宮古島にも同じことがあった。

こちらはスツ（節）と称する五月の行事である。子どもから結婚前までの女、みな朝早く海で泳ぎ、クスガーと呼んでいる、臭い川で水を浴びる。温泉に似たような臭いで、浴びる時は臭いが、乾くとにおわないそうだ。それから村に幾つもあるトンガラヤ（友達家、娘宿）ごとに五、六人ずつ山の松枝にかけてあるユーサに唄をうたいながら乗る。こうして一日遊び、夜になるとクイチャを踊って御馳走を食べる。男の子もこの日は五、六人ずつ群れて家々をまわり、唄をうたってまいぬい（おにぎり）やあーぬいい（粟にぎり）などもらうのだ。ユーサー乗りの唄は狩俣の与那覇カマドさんが三つほど教えてくれたがいずれも長い。一つなどは延々と続いた後、まだこれぐらいあるというので、そこで聞くのもやめてしまった。

東北では正月十五日の満月の下、子どもから年寄までソリ乗りをして騒ぐところもある。行事の中で行われるこれらは規軸を一つにしているのだろう。

以下の種子島の二つは行事とは関係ない。もっぱら遊ぶための嬉しい唄。

馬毛島《まげんしま》　そっから　そこ

やれ漕げ　やれ漕げ

西之表でうたうもので、向かい合う西の海上に馬毛島が見えている。次のは島南端、南種子町平山のもの。

よいしーよい　漕がんがよい
無理《むーり》を漕げば　おーつんど

43　みかん食べ

正月の頃、みかんを一つ、二つもらうのは楽しみだった。皮をむくのさえ作法でもあるように均等にむき下げ、一変して身をすかし見せる花型の玉の眺めを堪能し、袋を数え、おもむろに小分けにしていくと、中に小袋がひそんでいたりして、数を儲けた気持になる。袋一つを食べるにもすっかり白い筋をとり、いじりまわすものだから中の色は皮を通して、内も外も一つになってしまうのである。もちろん皮ごと食べた。

この時、一はらずつを揉んで食べたという人たちも多くいる。揉めば中がジュースになってそれを楽しむのかと思うとそればかりではない。大きくふくらむのだという。上甑島の瀬上では揉みながらにうたった。

んぼ　腹がけ
んぼ　腹がけ

腹がけは腹立てろである。「もむとふくれる。必ずこうやって食べるものだった」という。鹿児島の出水市米津町でも「腹かけ」とうたうところは同じである。

はらかけ　はらかけ　どん袋
こう屋にやって　子を持たしゅ

こう屋は庄屋とうたう人もいる。そんなにふくらんだら子も産もうというものである。屋久島の栗生では一腹を頬っぺたで上下にさすりながら唱えた。

酸《しい》なれ　んもなれ
酸《しい》なれ　んもなれ

奄美諸島や沖縄には幾種類ものみかん類があって屋敷にも山にも豊富に見受けられる。しかし、昔はもっぱら島みかんと呼ぶものだけ、それが旧暦八月頃に熟するので、当時は九月、十月にしかみかんがなかったという。そしてそれが貴重な食べ物だったことは島の子たちも同じ食べ方をしているのでも知れるのである。しかも、次の奄美大島の西海岸、大和村名音の子たちの欲張りかげん、

家《や》んほど　太《ほで》ーる
倉んほど　太《ほで》ーる

ほでるは大きくなれである。子どもにも、「早よほでれよ」、また成長したのを見て「ほでたやー」という。

島の南端の瀬戸内町篠川では、胸でもみながらいった。

乳《ち》っぐゎなれ　たっぐゎなれ

島ではどこの家でも自家用に豚を飼っていて、何かというとこれがひきあいに出されるのであるけれど、沖縄のみかんの唄にはこれが登場する。

あった豚《わん》くゎと　我な豚《わん》くゎと
太《ぶつ》てり太《ぶつ》てり　豚《わん》くゎんくゎ
汝豚《あったわん》くゎや　痩《え》ーり
我《わん》な豚くゎや
太《ぶつ》てり太《ぶつ》てり　豚《わん》くゎっくゎ

あんたの豚っコと　おれの豚っコと
太った太った豚こっコ
あんたのは痩せっこ
おれの豚は
太った太った　豚こっコ

沖縄の東端、国頭村安田の唄である。シークヮーサーという小さなみかんを掌でもみながらうたった。同じ村でも、安田が東海岸なら島の最突端の辺戸での唄はこうだった。

とうばる豚《わん》くゎと　大和豚《やまとわん》くゎと
ぶって*　べぇくー

＊太りくらべー

とうばるは島の地名、大和は九州以北本州の方をいう。

一口に食べてしまうみかんにさえ、これほど遊んでしまう子どもたちには脱帽であるけれど、じつは、本格的なあそびはまだ他にある。一つの袋の真中を糸でくくって、糸端を両手にぴんと張り、前に、後ろにと回転させる。大島の前にあった瀬戸内町と大和町との間の宇検村芦検では、外にまわす時は上の句を、内に向けて下の句をいった。その唄。

潮《うつしゅ》 汲《く》ん番《ぶ》ーや　潮《うつしゅ》 汲んで来《こ》
水《むず》汲《く》ん番《ぶ》ーや　水《むず》汲んで来《こ》

彼方《あま》や　潮《うしゅ》なれ
此方《こま》や　水《むず》なれ

これは同じ村生勝でシマ婆さんが教えてくれたもの。シマさんは「童《わらぶ》のむんかり（遊びごと）や」といっていた。

奄美の子たちはさらにもう一つの遊びも発明していた。一腹の袋を、口を切った後じょうずにひっくり返す。身はギザギザの山なみの如くに、皮は袋になって指先を包むわけである。山並を順に食べていきながらうたう。

母乳《あんまち》や　勝《まさ》　まさ　　母さんの乳はうまいうまい
父　乳《じゆう》や　苦《にちゃ》　にちゃ　　父さん乳は苦い苦い

44　痛いとこ飛んでけ

これもほとんど、自分の口からはことば出せない頃の幼い者らに対して大人たち、また守をする姉らのもっぱらにしてやるものである。

小さな者たちは、しょっちゅう痛いところを作る。自分の力のほどもわきまえず、体のバランスの加減も読めず、ただひたすら弾みまわるものだから、ひっくり返ったり衝突したり指をはさんだり、満身ショックにばかり会う。こんな時、そのショックを柔らげるためにもまずは大泣きするものだが、それが泣かずにすむというのがこの呪いである。たいていは唱言と共に患部をなで、最後にふっと息吹いて痛みを飛ばしやるというだけのものなのだが、不思議と利き目大きく、十中八、九は泣かずにすむ。もし、しつっこい痛みで一度で飛んで行かなかったら二度、三度とやってやる。まだ口の利けないような小さな子どもでも痛いところが出来るたびにやってくれといって、子はちょっとの痛みにも催促して来るようになる。

私の山形の村での唱えごとはこのようであった。

つつん　ぷいぷい
黄金さらさら　フー

最後のフーでなるべく痛み全部を吹き飛ばす気魄で息吹きかける。この「つつんぷいぷい」とか「黄金さらさら」なる系統の唱句は東北から関東にかけて広い地にまたがってある。

東京南品川で育った、明治三十四年生れのおばあさんによる、当地のものも

ちちんぷいぷい
ごよの　御宝《おん》　フッ

と似たものである。

「つつんぷいぷい」にしても、「黄金さらさら」や「ごよの御宝」にしても、奇抜なことばや、また何となく御利益ありそうな文句を並べて子の気持を紛らわそうとしたことだけは確かで、そのような種類もまだ多くある。

ちちんかんぷん
かじかへいがまじない
痛いところあ　潮来さ行げ
痒いとこあ　鹿島さ行げ
（茨城県麻生町）

霞ヶ浦に沿う麻生町行方で千葉任平さんが聞かせた。潮来も鹿島もいずれも隣町である。

いんぶく　とうらい
かあらげ　まんざい
痛いとこあ
向かい島《すま》に　飛んでけ
（岩手県田老町摂待）

これよりずっと北の久慈市小袖でだと、ずいぶん遠い島を名指す。

痛いとこァ　松前の島さ
飛んでけ

痛いとこァ
向かいの山の爺《ぶ》ァ鍋っこさ行って
ちょろっと入れ
ピンポンパチン　フッ
（岩手県軽米町小軽米）

ちんこのまじない
ひねほのほ　ホー
（淡路島北淡町富島）

つつんかんぷん
天竺の爺さん婆さん　飛んできて

痛いとこ　ぽつんと取って行け

（岩手県岩泉町安家）

「観音さま」に「八幡大菩薩」、「天竺の爺さん婆さん」と神だのみ、仏だのみに及んだが、小さい者らにとっては、その神仏に勝るとも劣らない絶対なる者は親であった。滋賀の杉木村では、

親の　唾《つわ》
親の　唾《つわ》

といってツワ（唾）をつけてやる。この方法もなされる地が広いらしく、その後何度か耳にした。和歌山の熊野川を目の前にして集落をなす、熊野川町小津荷でみきさんも「子どもが痛いところを作った時、ばあさん（姑）が『親のつば、親のつば』といって唾つけてやっていた」と聞かす。徳島の宍喰町のものは前にも紹介したが、また、人によって唾つける型をし、

親のつば　まじない

といってやるのだった。

ちちんぷいぷい
こっから大きくなーれ　フッ
（東京都日影和田、長井）

これを採取した時は昭和四十六年、まだ東京に職を持っていた時期、休日を利用して一日、二日の小旅行をした折だった。「飛んで行け」とか、「なおれ」とかいうのに反して、ずいぶん変った内容だと思っていたが、その後四年ほど経てまわった隠岐島でも同じ類に出会った。

そっから　大きくなれ
そっから　大きくなれ　ホー
（隠岐島西郷町東郷）

布施村では「そっから大きくなっとこだけん　こらえこらえ　ホー」という。
さらに五十三年に渡った奄美諸島の与論島城《ぐすく》でも、益山チヨさんによれば「うふやかふでィーらんちでいる（そっから大きくなるのだよ）」といってやるとのことであった。
激烈な痛みを伴うものとはいえ、芽ふいて物育つように、そこから大人への道が開かれるというのなら、たいていの痛みよりは忍耐の方が勝らざるはないのである。

奄美諸島の与論島城では「鳥が飛んだ」という一連のものもある。

ぴゅー鳥《どい》の　飛《とで》ィど　＊ひよ鳥が飛んだぞ

鳩《ふあと》の　飛《と》だん　飛《と》だん　(与論島瀬利覚《せりかく》)

子どもは足の動きに引き合わさず、重たい頭や、上半身ばかりが先走って、はったと前に張り倒れる。それが、何かを押えようと飛びついた格好で、ただしはあえなく、その狙った獲物は飛んで行ったとの、ニュアンスをこめておばあさんなどがいうのらしい。子どももついたった今飛んだばかりという鳥の姿を求めて泣くのは後まわし、キョロキョロする。

45　こぶこぶ出っさるな

瘤が出るほどの衝撃に会っては、もはや大泣きに泣くより他にはないけれど、それも呪いのせいで大泣きの量も半減される。

こぶこぶ　出っさるな
大きな灸《やいと》　すえてやるぞ
（兵庫県村岡町）

なでてやりながらに唱えるのである。

こぶこぶ　なおれ
隣の爺《じじい》ん　こぶなれ
（千葉市和泉）

隣の爺さんは難儀だが、あまりかけ離れた相手より、このあたりが子どもにとっては現実みがある。

お前のこぶ　なーんな
烏《からす》のこぶ　なーれ
（足利市松田）
蜂《はーち》になんな

こーぶになんな
元《もーと》の　ようなれ　フッ　（平戸市紐差）

当地方ではこぶといったら、蜘蛛のことでもあり、それゆえ同じ仲間の蜂の動員ともなったのである。奄美大島は瘤をガブという。根を張りふくらんだ「株」の意である。島でも、局部を撫で揉んでやりながらに唱う。

かぶ　出《いじ》んな
平《ひら》　なれ　（名瀬市根瀬部）

かぶ　出《いじ》んな
生姜　出《いじ》んな　（大和村思勝）

瘤は丸い物と相場が決まっているようだが、その玉の連なり合った生姜もまた瘤の象徴と見られなくはない。

もう一つ南になる沖永良部島国頭でだと、名称はグブとなって、

ぐぶ　ぐぶ　なーんな
ひしゃ　ひしゃ　なーれ

「ひしゃなれ」は、平たくなれの意である。
最後は沖縄を越えて南西、石垣島川平のもの。

大人《うひびと》　なりよ
高人《たひびと》　なりよ

痛いところを作ったのに「そっから大きくなれ」といった、それと同質である。わずかのでっぱりを背丈にくみ入れることもあるまいが、瘤を作る度にそれが一里塚のようになって、大人になっていくのであろう。

46　歯

　ある日突然歯が動き出す。間違いでないことを指をもって、また、しょっちゅう舌をあてがって確認する。やや動きが大きくなった時は噛み合わせに注意がかんじんだ。一噛みごとに歯のてっぺんに当るようにしているが、つい、心留守になって傾いたままを思いっきり噛む。それを何度か繰り返しているうちにはいよいよ歯は、たった一本の根で継がるだけの、はなはだ扱いにくいものとなり、早く欠け落ちてくれるようにと願いたくもなるのであるが、これが以外と粘り強く、容易に彼の居場所を空け渡さないのである。

　男の子たちはこんな時、友だちを施術者として厄介を早く終らせるものだった。丈夫な糸を抜くべき歯にからみつけ、敢然と糸を引く。後段はさして技を必要ともしないようだったが、歯をしばる方は、狭い口中の作業であり、またいいかげんにしてはたいてい失敗に及ぶので、そこのところを最大留意していたようであった。こちらの場合、前にいう大揺れになるまで待つ訳ではない。待ちかまえたようにしてまだ頑固に根を張っているうちからやるので終った後は口中盛大な血の海となり、それがまた一種勇気誇示の一場でもあった。

山梨の早川町新倉で望月ウラ子さんの語りくれた、その抜きようは可愛らしい。子どもが歯をぐらぐらさせるようになると、親は歯に糸をしばり、片手にその糸端を握って次を唱える。

こくぞう　こくぞう
てんこくぞう

最後のてんこくぞうのてんのところで空いているもう一方の指先で子の額を突く。子がよけようとして頭反らせたはずみに歯が抜けるという。

抜けた歯のすてる場所は決まっていた。上歯の抜けた時は縁の下、下歯は屋根の上に放り投げる。この方違《かたたが》えになるところが子ども心にはしっくりせず、また抜歯が頻繁に起るものでもないために、小さい時分はいちいち親の確認をとって仕末するものであった。縁の下はともかく、せい一杯体を鞭にして屋根上目がけて放り投げると、それまでの陰気な不健康さが、歯と一緒に吹っ飛ぶ心地であった。

歯を放るには呪いことばが伴う。

鼠どんな　鼠どんな

おれが歯っこと
とっかえてけろ
（岩手県岩泉町小本）

前にも出たことがある明治二十九年生れの小本チヨさんである。鼠の歯といったら、堅いくるみの殻も難なく穿つという、今研ぎ出したばかりののみのような鋭さで、根こぎになった枯歯に代るのにはいちばん願わしい相手なのである。

鼠の新《にい》しい歯っこと
古い歯っこと
取りかえろ
（岩手県田野畑村切牛）

鬼の牙《きんば》と
とっかえこよ
（千葉市土気）

平生は口に出すさえも忌まわしく恐ろしい鬼でさえも、見事な歯の出所となると、その垣も踏み越えてしまう。たくましい歯を得るなら、悪魔の歯でもというところだ。前には歯の酷使が過ぎるのか、年寄にもなる以前から歯をぼろぼろにしている人たちが多くあった。こうした不如意を子どもは常に見ており、またそれが自分たちのいちばん大きな関心事たる食に関わることであるだけに、大概の制約など吹き飛ばす勢になるのである。

鼠の歯と　おいが歯と
どっちがおやっどの早っか
おいどの早よ　おやってたもれ　（上甑村瀬上）

下歯は屋根の上、上歯はじだ（地面）のどこにでも放るという。次の対馬でだと屋根とすがこ（床下）と大多数のところと同じだ。

鼠の歯と　おれの歯と
はえぐろして
おれん歯が　早よはえてくれ　（上対馬町唐舟志）

競争が事をなすに敏速ならしむること、彼らには厚い信奉があるのだ。この系統は種子島や奄美諸島になっても続く。

鼠の歯と　わー歯と
むえくんま　（奄美大島大和村思勝）

「むえくんま」のくんまはくらという意で、走り競争にも「走りくんま」という。これより西の宇検村平田でも、「むえりつくま」とほとんど一つだが、ここでは犬がはじめて出る。

犬《いん》の歯ーと　わー歯と
むえりつくま

同村生勝でも「犬《いん》の歯ーとわー歯と　むえくなどー（生えくらべぞー）」という。「雀の歯」とは違って、こちらは確かに実態伴うのだ。

47　いぼ橋わたれ

世の中が変ったら人の体質も変るのか、青洟など垂らす子もなくなったし、それからいぼ（疣）も出かす子見なくなったとは、おばあさんたちの不思議がる感想である。どこがどう影響しているのかは知らないが、確かに以前の子たちは、ほとんどが何度か疣持つ経験者だったように思う。さしたる前触れもなく気がつくと、向こうは大きな顔をして居坐っている。

もっともこれは早晩消えて行くもので、その退場もまた、まるで意識せぬ間に行われるのであるが、当人にはそんな先が読めない。異常さを尊ぶ年頃とて、友だち相手の自慢の種子ともちょっぴりはなり得るものの、それよりはむしろ生涯取り付かれたままになるのではないかとの不安から、疣とり呪いを施すのだった。その呪いは、友だちなどの手とこちらの疣のところとを指で交互に行き来させながらいう。

いぼ　いぼ　渡れ
この橋　渡れ

たいていは移る途中で足踏み外すのか、無事移動が完遂されることもなかったけれど、それにしてもどうやって受け入れ方を説得したものだったろうかなど、今思い巡らせている。
この方法は全国にわたっている。

いぼ　いぼ
一本橋　渡れ
（秋田県雄和町新波）

いぼ　橋わたれ
橋がなかったら　かけてやろうぞ
（滋賀県信楽町朝宮）

指で橋わたししながらいうのだという。

いぼ　いぼ移れ
子負《お》うて　移れ
（福井県敦賀市山、小浜市田烏）

山《さと》では、ハツさん（明治四十二年生れ）にうかがったもので、石《いしな》とか木に移すのだという。疣は大概二つ三つとか、五つ六つも群れて出るものだから、一族郎党連れになって移りもらうにこしたことはないのである。

いぼいぼ　渡れ
この橋渡っても
きょうといこと　ないわ
（福井県名田庄村下）

きょうといは、恐いの意、友だちの手などに木切れ渡してこれをいう。話してくれたたみさん（明治三十四年生れ）は「ほんとに移る」といった。

さて、こうして移す相手は友だちばかりではない。「石とか木に」ともあったように、彼らが選ばれてある場合も多いのだ。中でも代表格となるのは山椒の木で、それをはっきりことばにしているところもある。

いぼいぼ　移れ
山椒の木に　移れ
（岐阜県関市下有知）

村瀬文好さんのおばあさんとお母さんと、二人して同じに教えてくれた。山椒の木にじかに指触れながら唱えるのだという。

いぼんめ　はしら渡れ
後《あと》ん帰ったら　灸《やいと》すえるど

（奈良市大慈仙）

普通の疣をイボンメと呼ぶ。疣奴であろうか。はしらも、橋の誤ったもののように思う。山椒の木は、全身無数の疣に包まれている。たとえこの上に幾つか引受けても意に介すことはなかろうと思う。

48　しびれ

しびれ　しびれ
京へのぼれ

（愛知県、三重県、山口市）

東北や、また九州からではあまりに遠すぎるが、関東から中国、四国にかけては、しびれはみな京にのぼらせる。

しびれ　しびれ
京へのぼれ
京の子どもに　みなうつれ
（愛知県渥美半島、作手村清岳）

右の唄は渥美半島は田原町、赤羽根町、渥美町と全域に亘っていた。

しびれ　しびれ
京へのぼれ
京の街は　広いぞ
（徳島県宍喰町、高知県田野町、夜須町）

新潟の山古志村では、その後に続けて「足の下はせまいぞ」とうたう。

しびれ　しびれ
京へ行け
橋がなか　ひょいと飛べ
（新潟県山古志村桂谷）

しびれ　京へのぼれ
今日は京の　まつり
（奈良県天理市福住、都祁村針、吉野町三茶屋）

都のまつりでは、取るものも取りあえず飛んで出るところであろうが、さらに急がせられる次なる情勢もある。

しびれ　しびれ
京へのぼれ
京のおばはんが
餅して　待ってるわ
（京都府日吉町新）

しびれ　京へのぼれ

京には　お粥《かい》が炊ける
大阪には　小豆が煮える
（京都府園部町口司）

ここでは額につわ（唾）を三回つけていう。

しびれ　京のぼれ
戻りにゃ　酒買って飲めよ
（岐阜県坂内村広瀬）

明治三十一年生れのおじさん。滋賀県信楽町朝宮では「しびれ京へのぼれ　京のおっさん酒買《こ》うて待ってるぞ」という。

しびれ　しびれ　京へのぼれ
親の方《かた》い　状をやろう
（島根県六日市町真田）

用向きを仰せつかって、晴れて実家に帰れるのならこんな嬉しいことはない。

しびれ　京へのぼれ
藁の袴　買ってやろぞ
（京都府和束町五ノ瀬）

同じ町、少し川上の上部落でおなおさん（昭和五十五年一月三十一日取材時、九十二歳）は「藁の袴して着せるわ」といい、口に藁すべをくわえて、しびれた部分を手でなでながらいうと教えた。奈良市大慈仙では、後半、「藁の袴買《こ》うてはかすぞ」とうたう。
さて、京都に縁遠い北や南ではどこを推奨の地とするか。

しびれ　しびれ
隣の爺《じい》がどこさ　いけ
（岩手県田老町摂待）

むしろの藁屑を額に貼ってこれをいう。

一《いち》びれ　二《に》びれ
三《さん》びれ　四《し》びれ
しびれの神さま

額《ふたえ》に　ごじゃれ　（天草、苓北町都呂々）

しびれた足先と額とを指で交互に往復しながらうたう。

しーびれ　かんびれ
かーみえ　のぼれ
かーみの街は　賑やかだ　（静岡県土肥町小土肥）

しびれしびれ　上あがれ
上にゃ　餅をつく
下にゃ　粥を煮る　（鳥取県関金町泰久寺）

粥より餅がいいことは比べるまでもないのだ。話し手の山白《やまはく》きくさん（明治三十一年生れ）は、やはりしびれをしびないといって、「しびないが切れた時にゃ……」と語ってくれたのだったが、唱えごとの中ではすでに共通語の「しびれ」になっている。

しびれの呪いには藁を貼ったり、唾をつけたりする他に、紙切れを貼ることも、静岡や三重、和歌山などで耳にする。障子の破れから少し取って唾で貼るのだと。また岐阜の洞戸村飛瀬でみち子さんからうかがった敷居を搔くというのは、よほど変っている。「しびしびなおれ」といいながら、背中を搔くようにしき（敷居）を搔く。「今でも孫がしびれた時『おばあさん敷居《しき》かいて』という」といっていた。九州五島の上五島町青方では、唾でまつこ（額）に十字を三回描く。唾をもってするのは佐渡の両津市大野でも共通だ。長野の根羽村中野で北野きさえさんは、ただ指で額に十字を描いた。青森県の津軽半島蟹田町小国でのなしようは、

あっぱ　あや
あっぱ　あや
あっぱ　あや

と三回いいながら、炭を指につけて額に十《アヤ》を三回なする。あっぱは母親である。

西洋同様わが国でも十字は魔よけの護符とされていて、ことに東北でなどは、幼児を夜間外に連れ出す折に、鍋底の墨や、消炭の墨で、子の額に十や×をしるす。良からぬ仕業はすべて魔のもの、悪しきものによって起ると見ていた人たちであるから、突然起る激烈なしびれもこれが原因をおいて他になく、共通の呪い方ともなるのである。

49　唾八卦

親たちは失せ物とか尋ね人の折には神拝み人のところに行って占ってもらう。けれども子どもらのやる占いのやりようはかくのごときものであった。つまり、掌に唾を吐き、それを片手の指ではっしと打ち、唾のはね飛んだ方を尋ね処とする。青森の津軽半島や岩手の湯田町白木野では、唾をヨダレというのでヨダレバッケと称する。岩手の北部、葛巻町や二戸市、一戸町などではベロハッケ、こちらでは唾がベロになるのである。隠れっことか、山に木の実など食べ物をとりに行った時などにも行うという。秋田のやや北寄り、上小阿仁村大林のあたりでは飼馬の放牧をし、馬番をするのも子の仕事であった。その馬の行方知れなくなった時などにも「ゆだり（唾）で八卦おくか」、「ゆだりではっけおいでやるべ」といってはこれをした。名前はユダリハッケである。宮城になると、北部の鳴子町や加美郡でタンペラウラナイ、南部の大河原ではタンぺハッケだ。やはり「八卦おくべ」といっては、道を選ぶ時などもやったという。

日本海側、山形から新潟に入って最初の山北町寝屋でだとツバハッケ、漁師だという四十ぐらいの人の語りくれたのに、漁のない時にこれをやってみたりもする。「上《かみ》」だと新潟、「下《しも》」だと酒田（山形）の方、「まっつぐ（真直）」は沖などとするのだそうである。

茨城の北部、山方町西野内で菊地すぎさん（明治四十一年生れ）が、名前をいわず、これを「狐に聞く」といったのは珍しい。そしてこのように唱えるのだと。

狐よ　狐よ
おれのなぐしたもの
さがしてくれ
さがしてくれないと
狐の子を　かーくす

九州になると、八卦とか占いとかの事改まった呼びなしはなくなって、代わりに唄が多く現れるようになる。宮崎県上三輪町伊原のいい状。

爺《じい》やん　婆《ばば》やん
なんこす　ねなくなったから

捜して　くだーいえ

鹿児島湾に出たところにある大根占町池田で語りくれたのは真ハツさん（明治四十三年生れ）である。

天狗どん　天狗どん
おっかせて　くいやーい

「おっかせて」は「おっ聞かせて」でもあるのだろう。

平戸市でツヅカンギヤという、カンギヤは「神占い」に当るらしい。親たちはよく「やんぼしさん（また盲さん）にかんぎゃしてもらう」つまり、よくないことが続いたりすると、「何かさわりのあるんじゃなかろか」「やこ（野狐）でも踏みつけたんじゃなかろか」、「風《かぜ》におおたんじゃなかろか」と思い惑った挙句、かんぎゃしてもらうことになるのだという。

奄美大島にいたっても、唖はなおツヅである。宇検村生勝でちゅまばっけ（しま婆さん）の教えてくれたのも、

唖《てて》っぐゎ　唖《てて》っぐゎ

我《わ》ー針っぐゎや
何方《だーち》が　行じゃかい

唾《ちぢ》んたま　唾《ちぢ》んたま
我《わ》ー鎌《はま》や
何処《いだ》な　有《あ》ーゆんが

これは奄美諸島の南端、沖縄に近い与論島立長のもの、唾《ちぢ》んたまのたまは、魂で、広島でいったツバキノカミサンの神さんにあたるらしい。

きじむなー　きじむなー
何処《まー》に有《あ》んが
捜《とめ》ーて　とらせ

キジムナーは、他でいう河童のような存在で、人をおびやかしもするが、また親しまれているのである。

ひじむの　ひじむの
汝物《うらむん》　捜《と》めて　とらすと
我《わ》ー物　捜《と》めて　とらしーよー

お前の物も見付けてやるから、私のも見付けてくれよと恩を売り込んでいる。終いは島の中ほど、大宜味村謝名城のもの。

たんぼー　たんぼー
*わーじに　かめーてとらはんに
*首たっきらいんどー

*おれいに差出してくれなきゃ
*首たっ切られんぞ

50　大さぶ　小さぶ

寒い日になると、陽が恋しくなる。細胞の一つ一つが縛られたように固くなり、内臓のそれぞれさえ両腕で身を包むようにして固まり、うっかりことばを出したら歯がカチカチいうような寒い日に、完全燃焼の太陽にあたって、体も心もほぐれていくのは、何と幸せで、おだやかなことであろう。子どもは着ぶくれした着物の袖に、亀みたいに両手引っこめた形なぞにして日向ぼっこをし、陽がかげると空仰いでうたう。

日なたぼっこ　どん
俺《おい》が前　照ってくいやーいお
（鹿児島県高山町大脇）

くいやーいおは、子が親にいうとか、目上の人に対しての敬い語である。「こゆば（これを）夜のいもとずい（夕方まで）しちょくいやいお」などいう。

あの雲　とうれ
ちゃっと陽が　あたれ
（掛川市水垂）

これは七十九才になる清水なおさんだ。娘さんの真砂子さんが、片ことしか想い出せず、お母さんに問い合わせてくれた。

太陽が、思いもかけない高熱をもたらすことは、誰でも改めて驚きをもって思い知らされているに違いない。私は十年ほど前から秩父の山なかに住まいしているが、来た当初、二年か三年かは、冬期、太陽を暖房にして過ごした。といっても何かの設備をこらしたわけではなく、ただ太陽の下に身を置くだけなのだ。朝起きると、庭先の桃の木の根元にいちばん早い陽が当っているので、そこにむしろを敷いて朝飯をする。それから机を持ち出し、頭には陽除けの帽子を被って、陽の移りに従って一、二度座をずらせながら、夕方まで陽の当る間中そこにいる。雪もなく、太陽が相変らず輝いて仰げる関東の冬は、北国育ちの私などにとっては、まさに別天地であるけれど、このあたりもそれに類して帽子なしには気力が失せる晴天が続く。しかし、それも太陽の姿ある間のうちでこそ、うっかりかげりでもするならみじめなことになるのである。一月も半ば頃になると、このあたりはからっ風が吹くようになる。すると不思議に雲さえも忙しげに行きかい出すようになって、しかも、他にいくらも通り路があるのに、来る雲、来る雲が太陽に向かってくる。その時の雲などは、鳶口握った火消し人足のように、一方の肩いからせ、体を斜に前に泳がせ、つんのめるようにして駆けて来るのだ。あんな威勢のいい連中にぶっつかっては、事だから、大いに気をもんで、「もうちょっと右」、「左、左」と下から叫んでやるが、あんまり遠すぎるせいか、一向に効果はない。それで雲が広がり出して、もはや陽光がもれて来るのが絶望的になると、石油ストーブにかじりついている人が、石油を切らしたように、私は布団の中にもぐり込むのだった。

こんなようだから、自分の体から出るかげろうにさえ日光浴をさせ、体をふくらまして着物にも肌にも光を取り込もうと日向ぼっこしている連中のことだからその前にうっかり立って日陰にしようものなら、とんでもない怖ろしいのろいのことばを浴びせられる。

かーげになる　ものは
親死ね　子死ね
（高知県香我美町、他）

人の前どに　立つ者は
盆にぼっくり　死ぬように
（長野県梓川村）

人の影になる者は
でんでん山へ　連れてって
赤い火ばしで　焼《や》っころす

51　押しくら

おーしこめ　ぬくといぞ　（愛知県東栄町）

せーりぎっちょ　ぬくいぞ　（大分県余目町）

板壁やら塀に一列に並んで押し合いへし合い、限度に来て中の者がはじき出されると、その者はまた端に加わって続ける。押しくらまんじゅうは冬の寒い時の遊びである。陽のあたる場所を目差して何人か集まって来ても、暖かい陽差のある間は、連なった小鳥か猿のように大人しくしている。ところが、無情に薄い光となり、または雪が覆ってこごえるような寒さになると、とたんにこれがはじまる。いっときせめぎ合えば、陽にあたっていた時よりも何倍もの温《ぬく》みを体に貯えられるのだった。

押せ押せ　こんぼ

出たもの　螺《たねし》　（奈良市、天理市）
押しあい　こんぼ
押されて　泣くな

これは滋賀、京都と広く一円にある。滋賀県信楽町多羅尾では下の句も「出た者ァかすよ」とうたった。こんぼは「ごんぼ」ともうたわれるが、小さい者たちを称する小法師の類なのだろう。鹿児島県入来町でもうたう。

せっがった　せっがった
中ん　小んぼし　押し出せ
せっこんぼ　せっこっぼ
中《なーか》んやっちゃ　せーっだせ　（鹿児島県祁答院町）

52　日なたぼこ

あの雲とおれ
ちゃっと陽が当れ
（掛川市水垂）

雪国の太陽はいざ知らず、日なたぼっこはあたかもこんな時期なのである。水垂でも七十代の千代松さんや、清水なおさんはしょんでや（小便所）の羽目などに並んでうたうのだと笑って語った。

日なたぼっこ　こうぼっこ
俺の影なると
三年厄病やませるぞ
（栃木県田沼町黒沢）

何とも恐ろしいことをいうものだ。それだけに太陽のあったかさと、それを逃がした時の震えるような冷たさを、身をもって知っているからであろう。足利市の名草中では「あったかぼっこ　こうぼっこおーらが影なると江戸からから（唐）まで追ってくぞ」とうたうし、烏山町下境では「人の影なるかさつかきがき奴　みのでかっくりがぇして　向こう山へ飛んで行け」とうたう。

人の前どに立つ者は
盆にぼっくり　死ぬように
（長野県梓川村）

おれの影になる者は
いちびと二びと
さんびと　しびと
しびとの　川流れ
（岐阜県御嵩町前畑）

わしの影する者は
親死ね　子死ね
守り一年おいてやろうぞ
（京都和束町五ノ瀬）

いずれもすさまじいものいいをしている。ここ五ノ瀬は村内でも住込で守りに行った。冬も薄い布団で食べ物も悪い。「日なたおくりしている時に」うたうのだという。日なたぼっこをこんなにいうのだろう。

人の影になる者は
がらっぱどんのお方よ
（鹿児島県志布志町安楽）

日なたぼっこどん
おいが前照ってくいやーいお
（鹿児島県高山町大脇）

最後の「くいやーいお」のおは敬語と見える。「こゆば（これを）夜のもとずい（夕方まで）しちょくいやいお」など人には頼み、子どもには「しちょくいやいな」という。

初出について

1（あの子、どこの子）～7（お尻まくり、はーやった）　子どもの言いごと②あの子、どこの子（「子どもの館」一九八二年一〇月、福音館書店）
8（日暮れ時）～14（夜糞どの）　子どもの言いごと③お月さんいくつ（「子どもの館」一九八二年一一月、福音館書店）
15（犬コになれ）～20（じいさん、ばあさん）　子どもの言いごと④犬コになれ（「子どもの館」一九八二年一二月、福音館書店）
21（風の三郎さま）～25（虹々）　子どもの言いごと⑥お日ーさん照ってんか（「子どもの館」一九八三年二月、福音館書店）

本書は右記に大幅に加筆し、書き下ろしを加えてまとめたものです。

斎藤 たま（さいとう・たま）
1936年、山形県東村山郡山辺町に生まれる。高校卒業後、東京の書店で働く。
1971年より民俗収集の旅に入る。2017年1月没。
著書に『野にあそぶ』（平凡社）、『南島紀行』『あやとり、いととり』（共に福音館書店）、『生とものの け』『死とものの け』『行事とものの け』『ことばの旅』『秩父浦山ぐらし』『ことばの旅1（鶏が鳴く東）』『ことばの旅2（ベロベロカベロ）』（いずれも新宿書房）、『村山のことば』（東北出版企画）、『落し紙以前』『まよけの民俗誌』『箸の民俗誌』『賽銭の民俗誌』『わらの民俗誌』『便所の民俗誌』『野山の食堂』『暮らしのなかの植物』『旅から』（いずれも論創社）ほか。

子どもの言いごと

2022年12月10日　初版第1刷印刷
2022年12月20日　初版第1刷発行

著　者　斎藤　たま
発行者　森下　紀夫
発行所　論　創　社
東京都千代田区神田神保町 2-23　北井ビル
tel. 03（3264）5254　fax. 03（3264）5232
http://www.ronso.co.jp/
振替口座 00160-1-155266

装　幀　中野浩輝
印刷・製本　中央精版印刷

ISBN978-4-8460-2223-5　C0039　Printed in Japan